문헌 속 마산포교당 정법사 1

1910~1940년대

문헌 속 마산포교당 정법사 1

초판 인쇄 : 2021년 4월 1일
초판 발행 : 2021년 4월 5일

편 자 : 최선일 · 도문

펴낸이 : 신학태
펴낸곳 : 도서출판 온샘
주 소 : 서울시 용산구 한강대로 208-6 1층
전 화 : 02-6338-1608
팩 스 : 02-6455-1601
이메일 : book1608@naver.com
ISBN : 979-11-971705-4-6 (93910)
값 25,000원

문헌 속 마산포교당 정법사 1

1910~1940년대

최선일·도문 편 | 도해 역

도서출판 온샘

문헌 속 마산포교당 정법사를 펴내며

경남 창원 마산포교당 정법사는 사찰의 이름에서도 알 수 있듯 부처님의 법을 지키는 100년의 역사가 깃든 곳이다.

편자는 2020년 목조관음보살좌상을 실견하기 위해 정법사에 처음 방문하여 구하스님, 경봉스님, 장지연 선생님, 김주열 열사 등 근대사의 선승과 지식인들이 찾았던 역사의 현장이 바로 마산포교당임을 알게 되었다. 이후 도문 주지스님이 사찰의 역사를 밝히려는 마음을 내어 사단법인 동북아불교미술연구소와 공동으로 학술대회와 단행본 발간 등을 계획하면서 첫 번째 작업으로 이 책 『문헌 속 마산포교당 정법사』를 발간하게 되었다. 또 100년 동안 인연이 있던 스님과 신자들이 소장한 귀중한 사진이나 회지 등을 수집하여 〈마산포교당 정법사 사진 아카이브〉를 구축할 계획을 세우고 있다. 이런 관련 자료의 수집과 공개를 통하여 역사적 중요성을 밝혀 다각적인 사찰의 역할을 밝혀보고자 한다. 이에 몇 명의 연구자들이 마산포교당 정법사의 역사를 밝히기 위해 현존하는 자료의 체계적인 조사, 입력, 번역을 진행하고, 작은 역사의 흔적을 학계에 공개하게 될 것이다.

단행본 발간은 필자와 도문스님이 편자로 참여하고, 동북아불교미술연구소 연구위원 도해스님이 번역을 담당하였다. 또 동북아불교미술연구소 소장 석문스님과 정법사 부주지 송정스님 등이 관련 자료를 수집하였고, 윤선형 연구원 등이 자료 입력을 담당하였다. 부처님께 회향하는 마음으로 도서출판 온샘 신학태 대표가 간행을 맡아주었다.
이 작은 단행본을 부처님 앞에 올리며 20세기 초 창건된 정법사를 지킨 스님과 신도들께 두 손 모아 감사드린다.

2021년 3월
편자를 대표하여 최선일 두손 모음

차 례

사진으로 보는

마산포교당 정법사

도 1

마산지도

(1916년 측도, 1917년 제판)

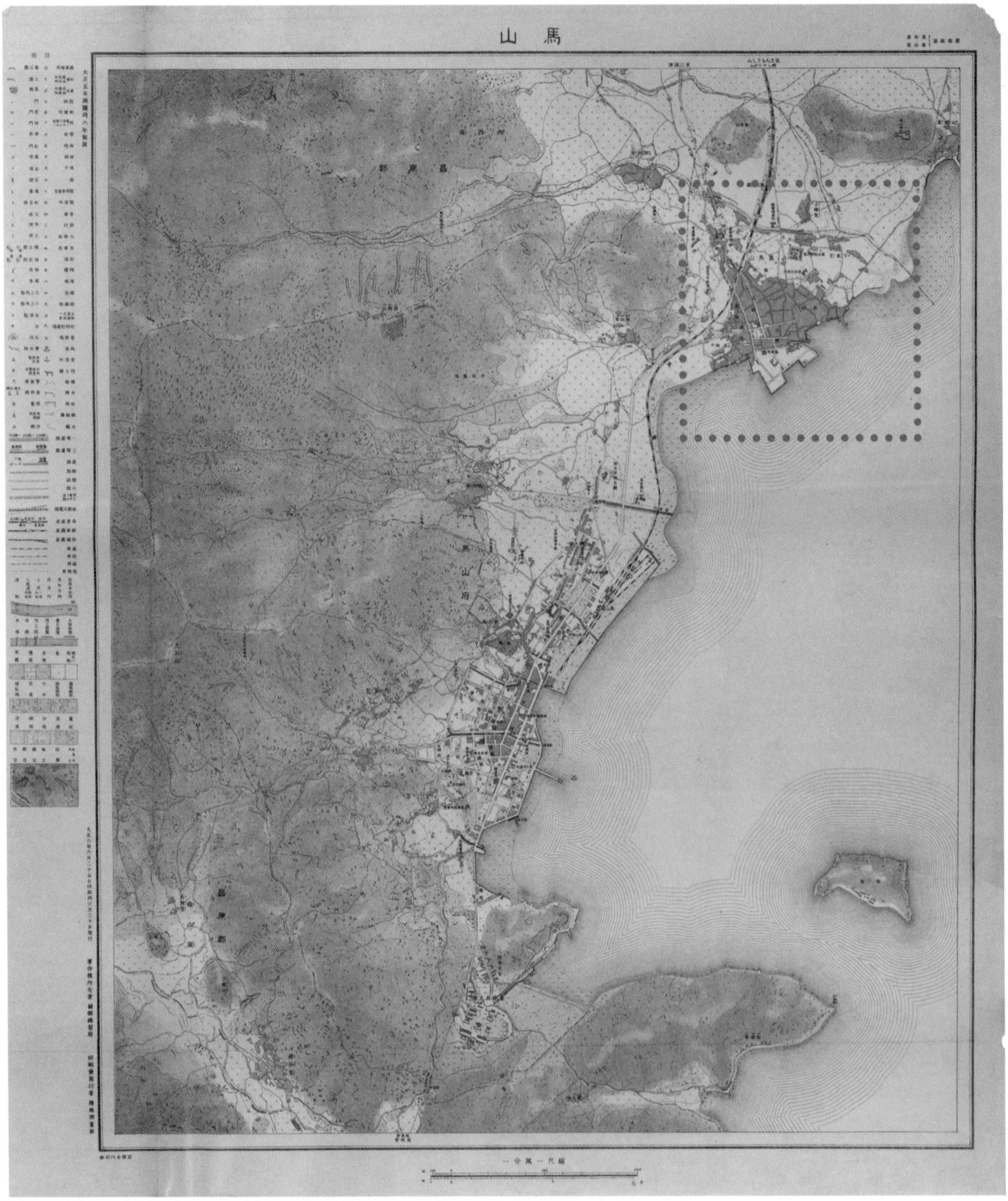

도 1-1

마산지도 세부

機業傳習所
上南里
普通學校
金融組合
新町
舊馬山
釜山監獄分監
午東里
東拓出張所
俵町
通度寺布教堂
石町
萬町
富町
元町
幸町
郵便所

도 2

마산

(1916년 측도, 1926년 6월 30일 발행)

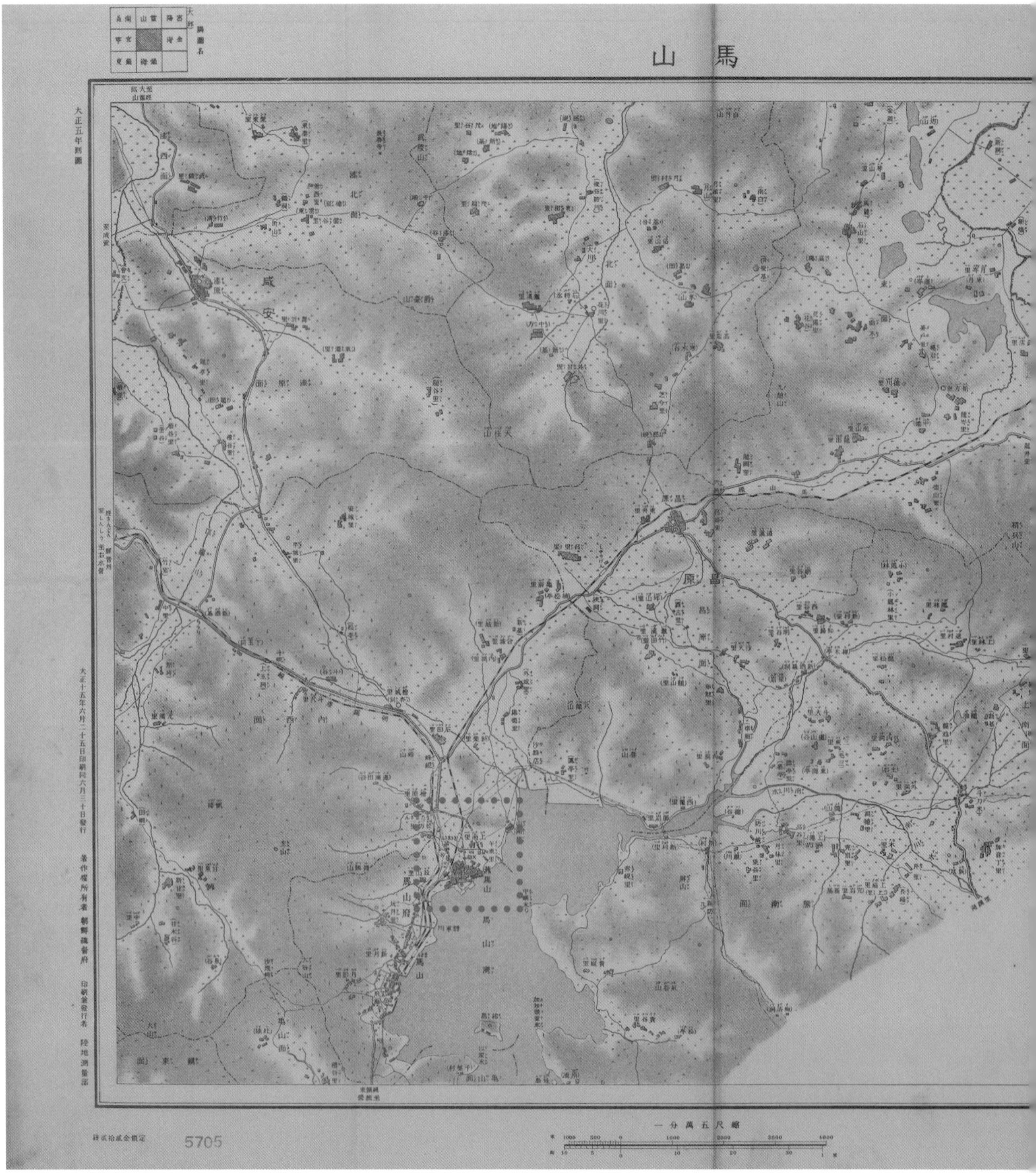

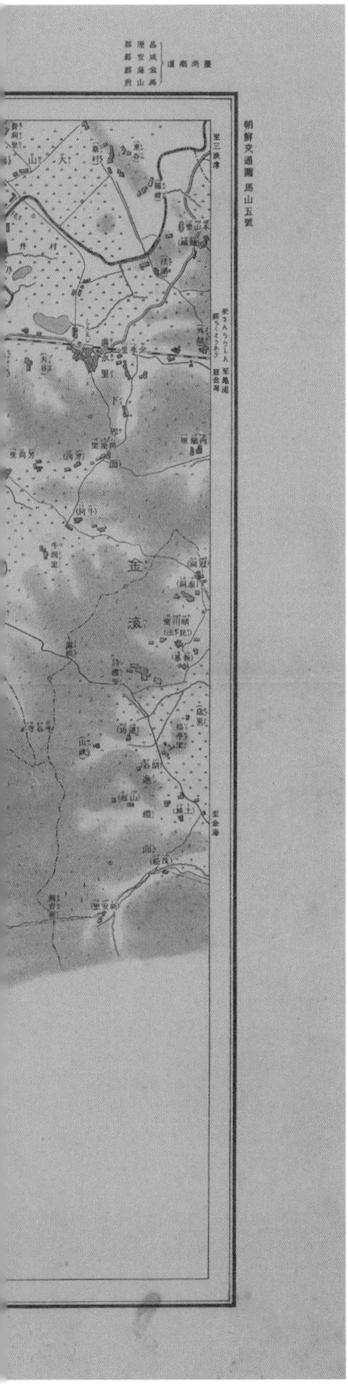

도 2-1

마산지도 세부

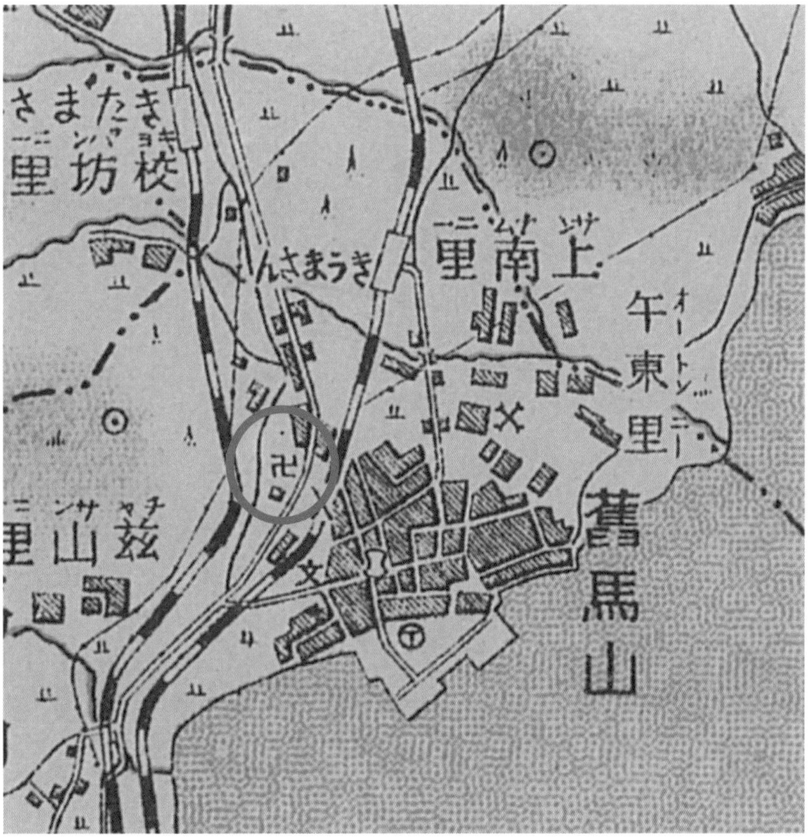

도 3

조선 마산항 전경

도 3-1

도 3-2

(行發店商屋丸)
MASAN PORT OF MASAN
(二其)景全港山馬鮮朝

도 3-3

(行發店商屋丸)
MASAN PORT OF MASAN.
(一其)景全港山馬鮮朝

도 4

마산항

도 5

마산공원

도 6

1918년 건립 마산포교당 석탑과 경봉스님

도 7

1918년 마산포교당
부모은중경탑 건립 법회

택언스님

도 8

1918년 8월 17일
조선경남마산부대본산통도사포교당
대부모은중탑비 공덕비

도 9

구하스님

도 10

경봉스님

도 11

「감시대상인물카드」 중 택언스님(1921년 4월 이후)
(한국사데이터베이스, 카드번호 : ia_3193 카드등록번호 : SJ0000005480)

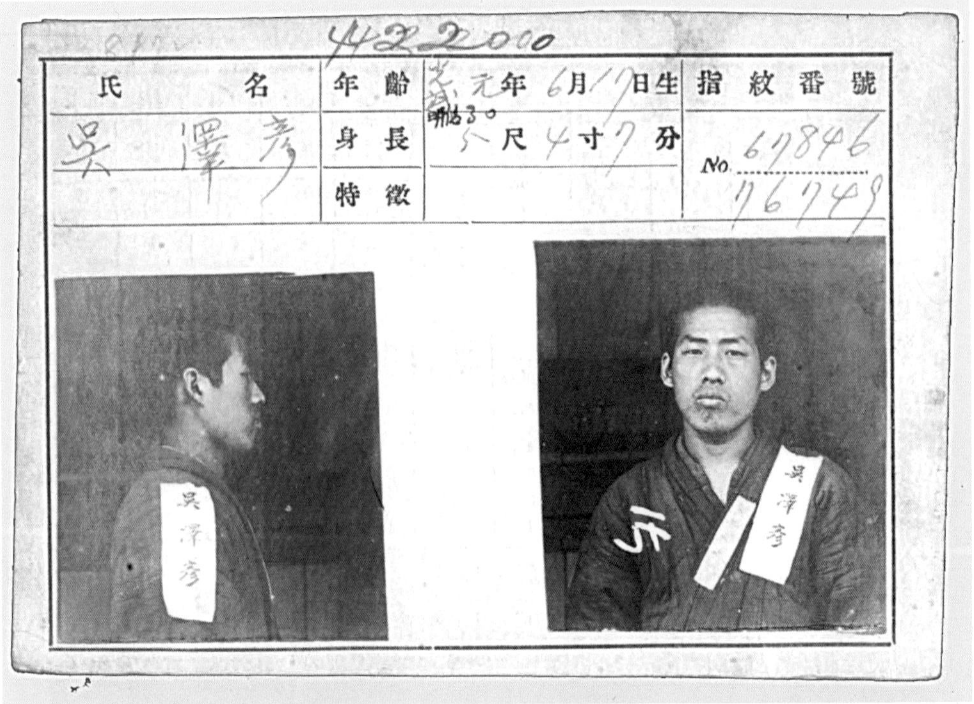

氏名	年齡	明治30年6月17日生	指紋番號
吳澤彥	身長	5尺4寸7分	No. 67846 / 76749
	特徵		

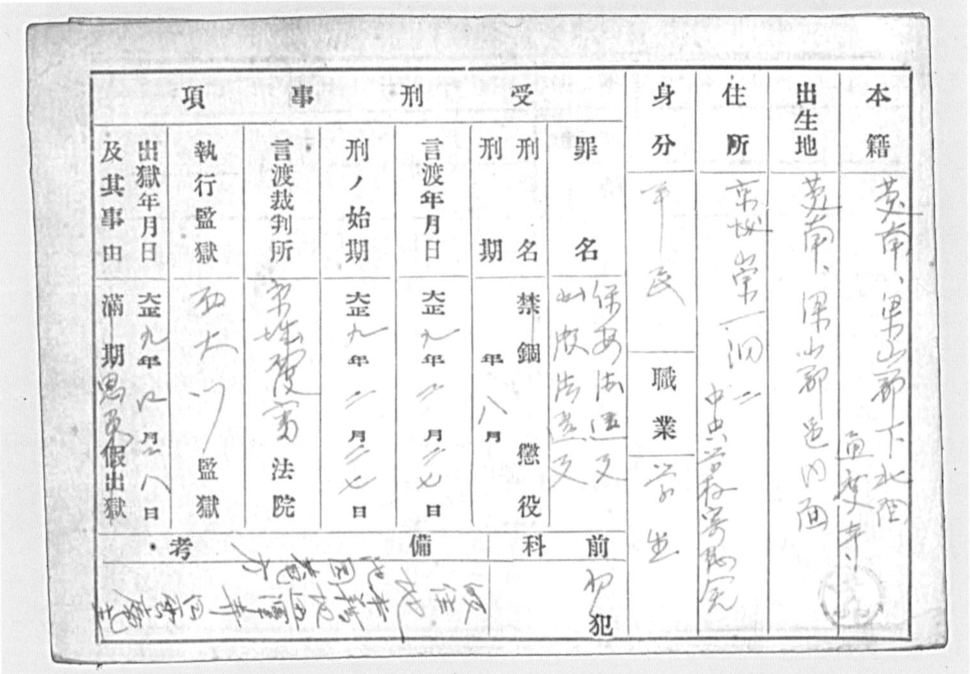

本籍	出生地	住所	身分	職業
慶南、梁山郡下北面	慶南、梁山郡邑内面	京城	平民	学生

罪名	刑名	刑期	言渡年月日	刑ノ始期	言渡裁判所	執行監獄	出獄年月日及其事由
保安法違反 出版法違反	禁錮 懲役	年八月	大正九年二月二七日	大正九年二月二七日	京城覆審法院	西大門監獄	大正九年 月 日 滿期 假出獄

前科: 初犯
備考

도 12

대웅스님

도 13

장지연이 쓴「馬山新造佛石塔」

馬山新造佛石塔

嵩陽山人 張志淵

一、上古石塔의起源及名稱、形態

最初印度에셔塔을起ᄒᆞᆷ은佛의遺骸又는遺物을藏ᄒᆞ기爲ᄒᆞ며靈域을表示키爲ᄒᆞ야建築ᄒᆞᆷ이오我朝鮮의造塔ᄒᆞᆷ을言ᄒᆞ여도(一)佛舍利를藏키爲ᄒᆞ며(二)供養키爲ᄒᆞ며(三)他로ᄒᆞ여곰信을生키爲ᄒᆞ며(四)靈域을表示키爲ᄒᆞ야塔을造成ᄒᆞᆷ이라그러나例外로非佛敎的頌德紀念으로써建築ᄒᆞᆫ것도多少存在ᄒᆞ엿도다大槪塔의名稱을言ᄒᆞ면舍利塔、多寶塔、多層塔、相輪塔、成佛塔、法輪塔、名稱塔、寶盖石鍾塔、莊嚴塔、慈悲塔、等이有ᄒᆞ고其形態도여러가지가有ᄒᆞ나大略其樣式은三層、四層、五層、七層、九層、十三層으로써되얏는ᄃᆡ其名稱、種類、形態等이極히多種多樣에涉ᄒᆞ고其數도또ᄒᆞᆫ不尠ᄒᆞ야或은鷄狗鳴을隔ᄒᆞᆫ古刹境內와或은廣漠ᄒᆞᆫ平野中에屹然히聳空ᄒᆞ얏스니其古刹에在ᄒᆞ야는伽藍의中心이되야丹靑의堂宇를莊嚴ᄒᆞ는도다石塔이라는것이其大部分은佛敎의感化에基ᄒᆞᆫ現實的思想으로브터湧出ᄒᆞᆫ產物이라上古에石塔의建築을美術上으로觀ᄒᆞ던지或은佛敎歷史上으로觀ᄒᆞ던지或은上下人心의時代思潮上으로察ᄒᆞ던지其他各方面으로브터專門的으로此를硏究ᄒᆞᆯ진ᄃᆡ充分ᄒᆞᆫ價値가有ᄒᆞᆯ지로다

二、馬山佛敎及石塔

馬山은三南에重要之地오朝鮮八港中一大都會處이니東南으로는海面이平鋪ᄒᆞ야明朗ᄒᆞᆫ光色과爽活ᄒᆞᆫ氣候를吸收ᄒᆞ고西北으로는山勢가嶒崚ᄒᆞ야麗水佳石이抱回ᄒᆞ고空氣가良好ᄒᆞ니內外國人이多數住居ᄒᆞ는地方이라故로慶尙南道梁山郡大

도 14

1928년 3월 22일, 마산사립배달유치원 제1회 졸업기념

도 15

1929년, 마산사립배달유치원 제2회 졸업기념

도 16

1930년 5월 1일, 마산사립배달유치원 제3회 졸업기념

도 17

1937년 5월 5일, 마산사립배달유치원 10주년기념

도 18

1939년 배달유치원 제12회

배달유치원 제12회

학사 내용

내용	현황		
직원 현황			
입원 아동수	128 명		
졸업 아동수	58 명	누계	603 명
보육 일수	216 일		
참고 사항	명칭 ; 배달 유치원		

도 19

1944년 마산포교당 정법사 신중도

도 19-1

신중도 화기

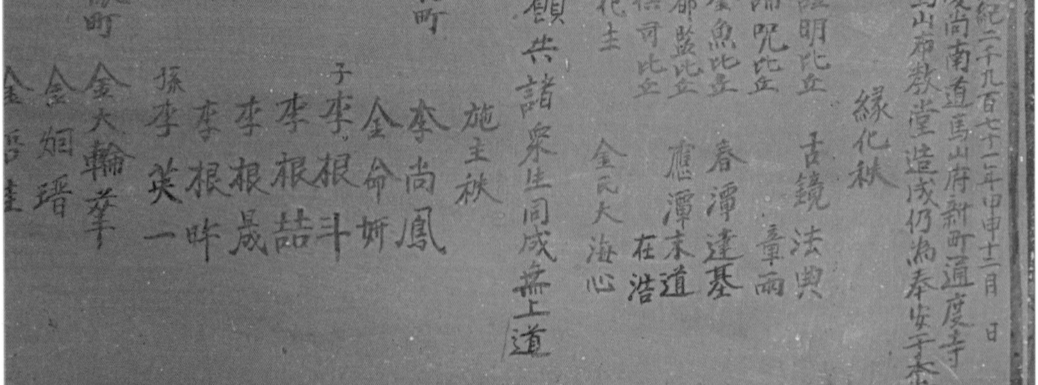

佛紀二千九百七十一年甲申十二月 日
慶尚南道馬山府新町通度寺
馬山布敎堂造成仍爲奉安于本堂

緣化秩
證明比丘 古鏡 法興
誦呪比丘 章雨
金魚比丘 春潭 達基
都監比丘 應潭 末道
供司比丘 在浩
化主 金氏大海心

願共諸衆生同成無上道

施主秩
元町 李尙鳳
金命姸
子李根斗
李根喆
李根晟
李根旿
孫李英一
像町 金大輪華
金炯瑨
金[illegible]達

도 20

1948년 7월 20일
대자유치원 제21회 졸업

도 21

대한조계종 마산불교포교당

도 22

목조보살좌상, 마산포교당 정법사 대웅전

도 23

나무아미타불비

I

1910년대

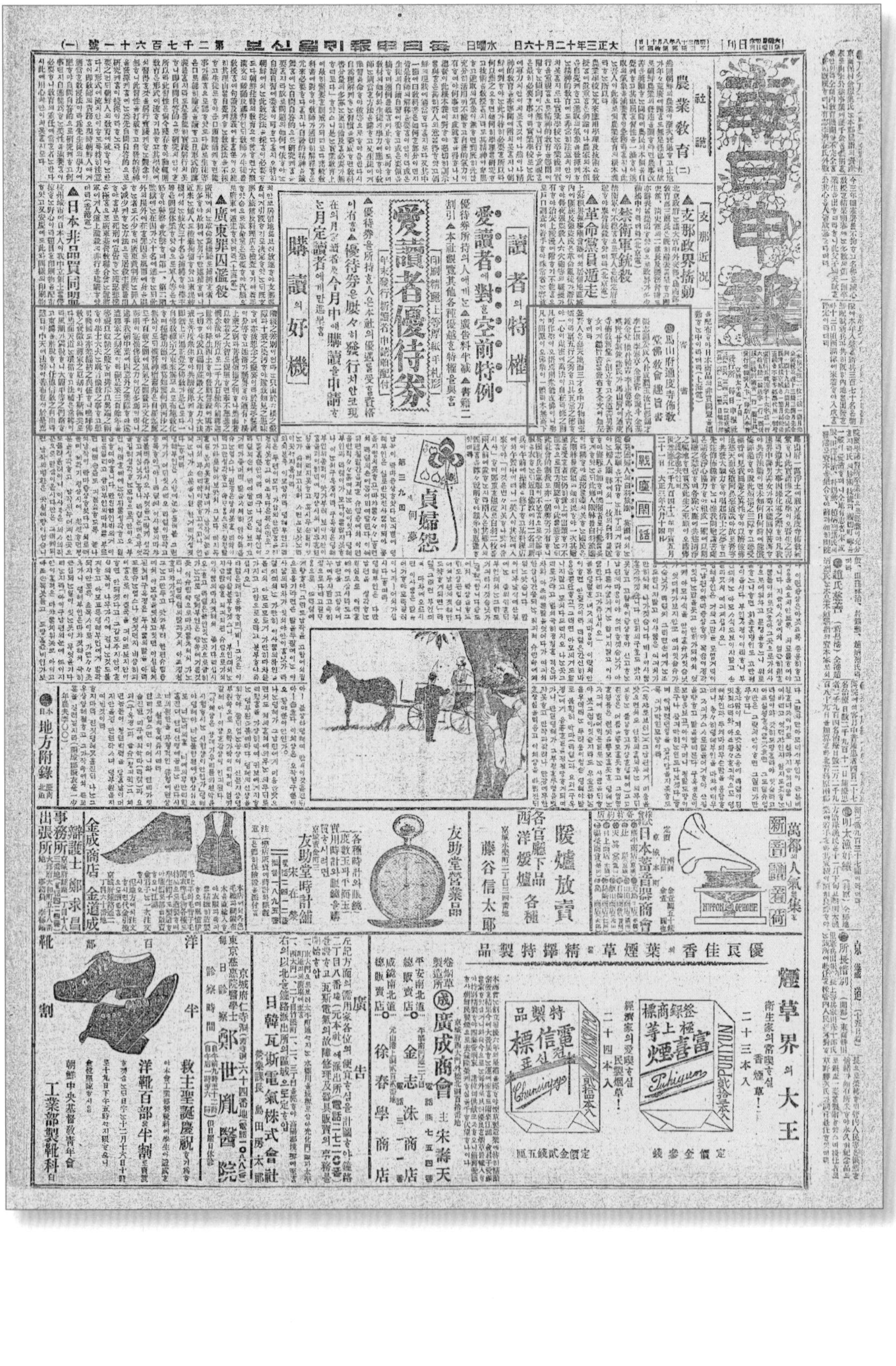
每日申報 매일신보
大正三年十二月十六日 水曜日
第二千七百六十一號
社說 農業敎育(二)
支那近況
支那政界搖動
禁衛軍銃殺
革命黨員逃走
讀者의特權
愛讀者에對ᄒᆞᆫ空前特例
愛讀者優待券
購讀의好機
廣東罪囚濫殺
日本非品買同盟
馬山府通度寺佈敎堂佛敎會趣旨書
戰塵閑話
貞婦怨
地方附錄
萬都의人氣를集ᄒᆞᆫ 新音譜着荷
日本蓄音器商會
暖爐放賣
各官廳下品 西洋煖爐 各種
藤谷信太郞
友助堂營業品
友助堂時計舖
金成商店 金道成
辯護士 鄭求昌
優良佳香의葉煙草로精擇特製品
煙草界의大王
電信標 特製品
富喜煙 極上等
廣成商會
金志洙商店
徐春學商店
廣告
日韓瓦斯電氣株式會社
鄭世胤醫院
救主聖誕慶祝
洋靴百部를半割
工業部製靴科
朝鮮中央基督敎靑年會

1914년 12월 16일

매일신보每日申報

寄書

馬山府通度寺佈教堂佛教會趣旨書

張志淵姜成八朴成潤玉汝仁彭錫才李仁淑李泰亨金漢容金璣斗金基鍾金兌權福祜吉李圭聲鄭永吉南琪賢甘麒鉉諸氏가馬山府에通度寺佈教新堂을創立ᄒᆞ고全道善男善女에게趣旨書를發布ᄒᆞᆫ全文이如左ᄒᆞ더라

蓋吾人은參天地而三才오中万物而至靈이라稟五行之秀ᄒᆞ고具五常之德ᄒᆞ야一心이虛靈에萬法이自在라修之則凡可作聖이오悟焉則衆能成佛이니聖凡이同源이오佛衆이一體라本無高下階級之差別이언마ᄂᆞᆫ只由於六根之蔽障과十戒之染汚ᄒᆞ야遂致知見之愚昧ᄒᆞ며亦被想念之癡妄이라於是乎慧鈍이分等ᄒᆞ고迷悟가懸界ᄒᆞ야迺有下根上乘之別과菩提煩惱之判ᄒᆞ나然而若以般若之大智로觀照ᄒᆞ면寧不慈悲之憫念哉아所以로二千九百餘年前釋迦世尊이降生西土ᄒᆞ야發願誓證에導亦一切ᄒᆞ샤爰以圓明莊嚴之大雄力大法戒로普度衆生ᄒᆞ야共躋彼岸케ᄒᆞ시니即無上正偏正覺之佛教가是已로다一自佛教禪宗之東來震旦으로布施教化ᄒᆞ며種播功德이雖莫知幾何恒河沙之無量이로ᄃᆡ惟吾神檀舊邦은自羅迄麗로千百載之間에風氣之開發과文化之彰明이寔惟佛教之力이居多焉이러니逮乎我朝中葉에因意外之業障ᄒᆞ야遂遭釋家之刼運이라嗣是來三百餘年을等視以奴隸之賤ᄒᆞ며排斥以異端之術ᄒᆞ야學士大夫ᄂᆞᆫ恥言像教之事ᄒᆞ고愚男賤婦도亦羞緇衲之與伍ᄒᆞ니嗚呼佛教之衰微와禪家之厄刼이于斯極矣로다然而天道ᄂᆞᆫ環循ᄒᆞ고法輪은常轉이라風潮가震盪ᄒᆞ니大闢平等之門路ᄒᆞ고東縛을解脫ᄒᆞ니任他信教之自由라慧日이中天에法雲이普布일ᄉᆡ於是焉

馬山府一區淨土에瓶立通度寺佈教新堂ᄒᆞ니此實諸佛之現聖이오吾生之善果라迺此大事因緣化導之際ᄒᆞ야凡我迷界中善男善女가苟不能回棹苦海ᄒᆞ야共濟法船이면未知何日何時에能懺悔罪過ᄒᆞ야脫此煩惱之三障ᄒᆞ고聽受福音에見我圓覺之眞性ᄒᆞ야以躋彼佛地慈天而免墮阿鼻惡道哉아故로吾等이共發大願力ᄒᆞ야唱起信士之夢ᄒᆞ고先玆仰佈趣旨ᄒᆞ노니惟我同胞諸菩薩은請各淨心協力ᄒᆞ야組成一團에以期圓融之慧智ᄒᆞ며各除六塵에共趍淸淨之福地ᄒᆞ면實爲此生之至願이오諸佛之護念也夫인저

世尊應化二千九百四十一年甲寅五月二十一日 大正三年六月十四日

원문

寄書[1]

馬山府通度寺佈教堂佛教會趣旨書

張志淵 姜成八 朴成潤 玉汝仁 彭錫才 李仁淑 李泰亨 金漢容 金璣斗 金基鍾 金兌 權福祜吉 李圭聲 鄭永吉 南琪賢 甘麒鉉 諸氏가 馬山府에通度寺佈教堂을創立ᄒᆞ고全道善男善女에게趣旨書를發布ᄒᆞᆫ全文이 如左ᄒᆞ더라

해석

기특한 글

마산부 통도사 포교당 불교회 취지서

장지연, 강성팔, 박성윤, 옥여인, 팽석재, 이인숙, 이태형, 김한용, 김기두, 김기종, 김태권, 복우길, 이규성, 정영길, 남기현, 감기현 등 많은 분들이 마산부에 통도사 포교당을 창건하고 경상남도의 도민들에게 취지서를 발표한 전문이다.

1 ① 기이한, 기특한 글 ② 새로운 글

盖吾人은參天地而三才오中万物而至靈[2]이라禀五行之秀ᄒᆞ고具五常[3]之德ᄒᆞ야一心이虛靈[4]에萬法이自在라修之則凡可作聖이오悟焉則衆能成佛이니聖凡이同源이오佛衆이一體라本無高下階級之差別이언마ᄂᆞᆫ只由於六根[5]之弊障과十戒[6]之染汚ᄒᆞ야遂致知見之愚昧ᄒᆞ며亦被想念之癡妄이라於是乎慧鈍이分等ᄒᆞ고迷悟가懸界ᄒᆞ야廼有下根上乘之別과菩提煩惱之判ᄒᆞ나然而若以般若之大智로觀照ᄒᆞ면寧不慈悲之憫念哉아所以로二千九百餘年前釋迦世尊이降生西土ᄒᆞ야發願誓證에導亦一切ᄒᆞ샤爰以圓明莊嚴之大雄力大法戒로普度衆生ᄒᆞ야共蹐[7]彼岸케ᄒᆞ시니即無上正偏正覺之佛教가是已로다一自佛教禪宗之東來震早으로布教教化ᄒᆞ며種播[8]功德이雖莫知幾何恒河沙之無量이로ᄃᆡ惟吾神檀[9]舊邦[10]은自羅迄麗로千百載之間에風氣[11]之開發과文化之彰明이寔惟佛教之力이居多焉이러니逮乎我朝中葉에因意外之業障ᄒᆞ야遂遭釋家之劫運[12]이라嗣是來三百餘年을等視以奴隸之賤ᄒᆞ며排斥以異端之術ᄒᆞ야學士大夫ᄂᆞᆫ耻言像教之事ᄒᆞ고愚男賤婦도亦羞緇衲之與伍ᄒᆞ니嗚呼佛教之衰微[13]와禪家之厄劫이于斯極矣로다然而天道[14]ᄂᆞᆫ環循ᄒᆞ고法輔은常轉이라風潮가震盪ᄒᆞ니大闢平等之門路[15]ᄒᆞ고東縛을解脫ᄒᆞ니任他[16]信教之自由라慧日이中天에法雲이普布일세於是焉馬山府一區淨土에刱立通度寺佈教新堂ᄒᆞ니此實諸佛之現聖이오吾生之善果라迨此大事因緣化導之際ᄒᆞ야凡我迷界中善男善女가苟不能回棹苦海ᄒᆞ야共濟法船이면未知何日何時에能懺悔罪過ᄒᆞ아脫此煩惱之三障[17]ᄒᆞ고聽受

대체로 인간은 하늘과 땅 삼재의 하나이고, 만물 중 영장이다. 오행을 받음도 훌륭하고, 오상의 덕도 갖추었다. 일심이 밝고 밝아서 만물에 자재하다. 수행을 하면 곧 범부에서 성인이 된다. 깨달으면 곧 중생이 능히 부처를 이루니, 성인과 범부의 근본은 같다. 부처와 중생이 같아서 본래 높고 낮은 계급의 차별이 없다. 단지 육근의 장애에 가로 덮힘과 10계의 오염으로 인하여 마침내 지견이 우매하고 또한 상염에 어리석은 망상에 덮히게 되었다. 이렇게 해서 지혜와 어리석음이 나누어지고, 미혹과 깨달음의 세계가 나타나게 되었다. 이어서 하근기와 상근기, 보리와 번뇌의 구분과 차이가 있게 되었다. 그러나 만약 반야의 큰 지혜로 관조하면, 어찌 자비로 딱하게 여기는 연민이 없겠는가. 그래서 2,900여 년 전에 석가 세존이 인도에 탄생하셔서 발원과 서원을 증명하시고 또 일체 중생을 인도하셨다. 이렇게 원만하게 밝음으로 장엄한 대영웅의 힘과 큰 법과 계율로 널리 중생들을 제도해서 함께 피안에 오르게 하셨다. 이렇이 최상의 올바른 지혜로 올바른 깨달음의 불교가 바로 각자의 자기이다. 하나의 불교로부터 선종이 동쪽의 우리나라에 일찍 전래되어 포교와 교화를 심은 공덕이 비록 얼마인지 알지 못하지만 항하사 무량할 것이다. 생각해보니, 한민족의 오래된 나라는 신라로부터 고려에 이르기까지 천백여년 간에 풍속과 기상을 계발하고, 문화를 빛낸 것은 진실로 생각건대 불교의 힘이 전부이다.

우리 조선 중엽에 이르러서 의외의 업장으로 인하여 널리 불교의 큰 액운(임진왜란)을 만나게 되었다. 3백여 년을 계승해 내려온 것을 노예처럼 천하게 등한시하며 이단의 술법이라고 배척하였다. 배운 사대부들은 불교의 일을 말하는 것을 수치스럽게 여기고 어리석은 남자들과 천한 부인들도 또한 스님들과 어울리길 수치스럽게 여긴다. 아! 슬프다. 불교의 쇠퇴함과 미약함, 선가의 재앙과 겁탈이 모두 극심하다. 그러나 천지자연의 이치는 항상 순환하고, 법의 수레는 항상 굴러간다. 평등의 세상이 크게 열리면 조선이 구속에서 풀릴 것이니, 종교를 믿는 일도 간섭받지 않고 자유로울 것이다. 부처님의 지혜가 하늘에서 비추고 법의 가르침이 널리 퍼지게 되었다. 이제 마산부 전체가 정토인 곳에 통도사 포교당을 창건하니, 이것은 실로 모든 부처님의 성인이

2 지령 : 지극히 신령함, 만물의 영장

3 오상 : ① 인의예지신 ② 오륜-부의, 모자, 형우, 제공, 자효 ③ 살·도·음·망·주

4 허령 : 虛靈不昧의 준말, 사심이 없고 밝음, 마음의 실체와 작용을 비유함

5 육근 : 안·이·비·설·신·의

6 십계 : 살, 도, 음, 망, 주, 꽃과 향수, 가무음악, 높은 평상, 시식, 보물

7 공제 : ① 힘을 합하여 서로 도움 ② 공동으로 일을 함

8 종파=파종 : 논밭에 곡식의 씨앗을 뿌리어 심음

9 신단 : 한민족, 단군의 자손, 백의민족, 배달민족

10 구방 : 역사가 오래된 나라

11 풍기 : 민족의 기상, 민족의 풍속

12 겁운 : ① 큰 액운(전쟁) ② 액이 낀 운수

13 쇠미 : 형세가 기움·기운이 쇠퇴하여 미약함

14 천도 : ① 천지자연의 도리 ② 욕계·색계·무색계의 총칭

15 문로 : ① 임금의 거가가 드나드는 정문의 길 ② 학문상의 지름길

16 임타 : 타인의 행동에 대하여 간섭하지 않고 방임함

17 삼장 : 불교 수행과 선심에 장해가 되는 세 가지-번뇌장, 업장, 보장

福音에見我圓覺之眞性ᄒᆞ야以躋彼佛地慈天而免墮阿鼻[18]惡道哉아故로吾等이共發大願力ᄒᆞ야唱起信士之夢ᄒᆞ고先兹仰佈趣旨ᄒᆞ노니惟我同胞諸菩薩은請各淨心協力하야組成一團에以期圓融之慧智ᄒᆞ며各除六塵[19]에共趍淸淨之福地ᄒᆞ면實爲此生之至願이오諸佛之護念也夫인져

출현한 것이다. 우리가 태어난 것은 선업의 결과이다. 이 일대사 인연으로 화생해서 제도하는 실제에 영향을 미친 것이다. 대체로 우리는 미혹한 세계 중의 선남선녀가 진실로 능히 흔들리는 고해에서 돌아오지 못하고, 법의 배로 함께 건너면 어느 날 어느 때인지는 알지 못해도, 능히 죄와 허물을 참회해서 이 삼장의 번뇌에서 해탈하고, 매우 반갑고 기쁜 소식을 듣고 받으면, 나의 본래 원만한 깨달음의 참된 성품을 보아서 저 불지의 자비로운 하늘에 오르면 아비지옥과 악도에는[20] 떨어지지 않을 것이다. 그러므로 우리들이 함께 대원력을 발원해서 거사들이 꿈에서 깨어나기를 제창하고, 먼저 이에 취지를 높이 널리 알립니다. 오직 우리 동포의 모든 보살들이 각자 청정한 마음으로 협력하기를 청합니다. 하나의 조직을 만들어서 원융한 지혜를 기약하며 각각 육진을 제거하고, 다같이 청정한 복지에 이르는 것이 참으로 이생을 위하는 지극한 바램입니다. 모든 부처님이 보살펴 주시기를 …

世尊應化二千九百四十一年甲寅五月二十一日大正三年六月十四日

세존 응화 2941년 갑인 5월 21일 대정3년 6월 14일.

18 아비=아비지옥 : 고통이 가장 심한 지옥
19 육진=육경 : 색, 성, 향, 미, 촉, 법-빛, 소리, 냄새, 맛, 감촉, 법
20 악도 : 악업을 지어 죽은 뒤에 태어나는 고통의 세계-지옥, 아귀, 축생, 수라

1916년 4월 18일

매일신보每日申報(1면)

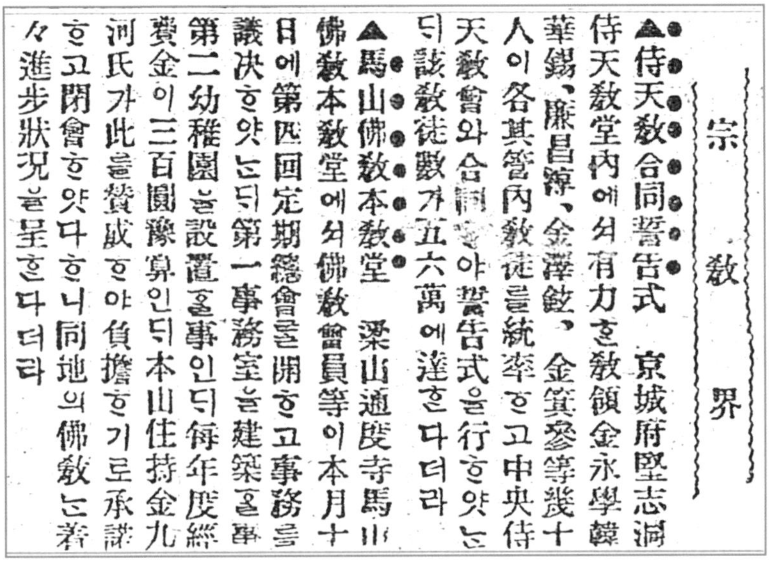

宗教界

▲侍天教合同誓告式 京城府堅志洞侍天教堂內에셔有力ᄒᆞᆫ教領金永學韓華錫、廉昌淳、金澤鉉、金箕參等幾十人이各其管內教徒를統率ᄒᆞ고中央侍天教會와合同ᄒᆞ야誓告式을行ᄒᆞ얏ᄂᆞᆫᄃᆡ該教徒數가五六萬에達ᄒᆞᆫ다더라

▲馬山佛教本教堂 梁山通度寺馬山佛教本教堂에셔佛教會員等이本月十日에第四回定期總會를開ᄒᆞ고事務를議決ᄒᆞ얏ᄂᆞᆫᄃᆡ第一事務室을建築ᄒᆞᆯ事第二幼稚園을設置ᄒᆞᆯ事인ᄃᆡ每年度經費金이三百圓豫算인ᄃᆡ本山住持金九河氏가此를贊成ᄒᆞ야負擔ᄒᆞ기로承諾ᄒᆞ고閉會ᄒᆞ얏다ᄒᆞ니同地의佛教ᄂᆞᆫ着々進步狀況을呈ᄒᆞᆫ다더라

원문

宗教界

馬山佛教本教堂

梁山通度寺馬山佛教本教堂에서佛教會員等이本月十日에第四回定期總會를開ᄒᆞ고事務를議決ᄒᆞ얏ᄂᆞᆫᄃᆡ第一事務室을建築ᄒᆞᆯ事第二幼稚園을設置ᄒᆞᆯ事인ᄃᆡ每年度經費金이三百圓豫算인ᄃᆡ本山住持金九河氏가此를贊成ᄒᆞ야負擔ᄒᆞ기로 承諾ᄒᆞ고閉會ᄒᆞ얏다ᄒᆞ니同地의佛教ᄂᆞᆫ着〃進步 狀況을呈ᄒᆞᆫ다더라

해석

종교계

마산불교본교당

양산 통도사 마산불교본교당에서 불교회원 등이 본 4월 10일에 제4회 정기총회를 열어 사업을 의결하였다. 첫째 사무실을 건축할 것, 둘째 유치원을 설치할 것, 매년 운영자금이 300원 예산인데, 대본산 주지 김구하(金九河) 스님이 이 일을 찬성하여 부담하기로 승낙하고 회의를 마쳤다. 마산포교당의 불사는 착착 진행되고 있었다.

1917년(大正 6) 4월 2일
조선총독부 관보 1396호

同七日 大本山通度寺馬山布教堂 慶尙南道馬山府新町一ノ六四

원문

布教所設立届出

大正4年 12月7日 大本山通度寺馬山布教堂 慶尙南道馬山府新町一ノ六四

해석

포교소 설립 신고

대정4년(1915) 12월 7일 대본산 통도사 마산포교당 경상남도 마산부 신정1-64번지

1917년 9월 3일
조선총독부 관보 1525호

원문

布教擔任者届出

大正6年7月10日 大本山通度寺馬山布教堂 慶尙南道馬山府新町六四 金鏡峯

해석

포교담임자 신고

대정6년(1917) 7월 10일 대본산 통도사 마산포교당 경상남도 마산부 신정64 김경봉

同十日 大本山通度寺馬山布教堂 同馬山府新町六四 所在地ニ同シ 金鏡峯

대보부모은중탑비

원문

朝鮮慶南馬山府大本山通度寺布教堂

大報父母恩重塔碑銘

莫重者親恩無上者佛道恩與道并合成
一塔孝天大闢佛日再明聖神感化大衆
歸依猗歟盛矣於千萬年恩報十重功成

千佛　頌曰
佛心石面最神明　自覺人人感孝誠
貝葉珠花多効果　千秋不死報恩名

世尊應化二九四五年戊午八月十七日 建塔
大 正 七
淸信士 金璣斗 謹銘

發起人
化主布教師　鏡峰靖錫
證明比丘　海曇致益
本山住持　九河天輔
外　務　聖海南巨
仝　龍惺晦淵
仝　一牛普宇
奉　香　達瑀　時衡
別座供司　在宗

해석

조선 경남 마산부 대본산 통도사 포교당

대보부모은중탑비명

막중한 것은 부모님의 은혜이고, 더할 나위 없는 것은 부처님의 은혜이다. 도반과 더불어 함께 하나의 탑을 조성하였다. 효심은 하늘에 통하고,부처님의 지혜광명은 더욱 밝아서 성신의 감화로 대중들은 귀의하여 감탄하는 소리가 왕성하였다. 천만년 부모의 열 가지의 무거운 은혜를 갚고자하는 노력으로 천불을 조성하였다.

게송으로 말한다.
불심으로 비석을 최고로 밝게 하고
부모은중경 보배 말씀 전부 효과가 있네.
사람들이 스스로 깨닫고 효성에 감화되니
만년이 지나도 없어지지 않는 은혜 갚는 명문이네.

대정 7년 무오 8월 17일 탑을 건립하다.

청신사 김기두 삼가 새기다.

발기인
화주포교사 : 경봉정석
증명비구 : 해담치익
본산주지 : 구하천보
외무 : 성해남거
용성회연
일우보우
봉향 : 달우 시형
별좌공사 : 재종

朝鮮慶南馬山府大本山通度寺布敎堂
大報父母恩重塔碑銘
千佛 頌曰

石　工	山崎乙之助	석공 :	산기을지조
仝	山崎忠一		산기충일
大施主秩	(淸信女)	대시주질	(청신녀)

比丘	晉河德賢	馬山	張氏善進華
馬山 信士	姜大錫		黃氏德蓮華
	鄭德弼		姜氏性德華
	玉汝仁		張氏寶相華
	玉麒煥		張氏正覺海
	裵贊汝		鄭氏滿月華
梁山 信士	金容台		金氏地藏華
	嚴宇永		金氏大輪華
	李甫驎		石氏法雲華
	玉彩益		辛氏淨滿月
		統營梁山馬山	裵氏光明華
			金氏九品臺
			鄭氏正法華
			玉氏吉祥華

비구	진하덕현	마산	장씨선진화
마산 신사	강대석		황씨덕연화
	정덕필		강씨성덕화
	옥여인		장씨보상화
	옥기환		장씨정각해
	배찬여		정씨만월화
양산 신사	김용태		김씨지장화
	엄우영		김씨대륜화
	이보인		석씨법운화
	옥채익		신씨정만월
		통영양산마산	배씨광명화
			김씨구품대
			정씨정법화
			옥씨길상화

重修記

本山住持	*淸霞性源*	본산주지 :	청하성원
布 教 師	*性空炳吉*	포교사 :	성공병길
施主代表	*朴鍾圭*	시주대표 :	박종규
化主代表	*朴淨鏡華*	화주대표 :	박정경화
改金	*姜大寶*	개금 :	강대보

佛紀二九九五年九月九日

중수기

불기 2995년(1968) 9월 9일

야仙敎의運이亦此時에墜絶ᄒᆞ니라

當時三敎中最深入於人心者ᄂᆞᆫ莫切於佛이라因是而高麗ᄂᆞᆫ崇佛ᄒᆞ야始於佛終於佛ᄒᆞ니終是人也요非佛也나人多惡佛ᄒᆞ고因是而朝鮮은尊儒ᄒᆞ야始於儒終於儒ᄒᆞ니終是人也오非儒也나人多惡儒ᄂᆞᆫ無乃人情이熱極思寒이요寒極思熱之理歟아然則今以後我半島에支配되ᄂᆞᆫ敎ᄂᆞᆫ仙乎아佛乎아儒乎아余ᄂᆞᆫ言儒者라今以後儒之道ᄂᆞᆫ有碩果不食之像ᄒᆞ야一陽이復生於物剝之日ᄒᆞ니試看來春에花花葉葉ᄒᆞ라俱是今秋葉落前에已存其蕾與芽ᄒᆞ야尖尖着在枝上이라余以是理로謂我半島에今以後支配되ᄂᆞᆫ敎ᄂᆞᆫ期待儒敎어니와

龍蟄蠖屈에潛潛等等ᄒᆞ야幾百年忍氣呑聲者ㅣ是佛之事佛者之失計而今日에有存身求伸之道ㅣ現於象而著於形者ᄒᆞ니事佛者ᄂᆞᆫ亦必以消長進退에一往一來之理로願爲佛敎ᄒᆞ야期支配於全世界也리라然이나儒乎仙乎佛乎여今之世ᄂᆞᆫ敎不出於三敎ᄒᆞ니我半島에未來宗敎ᄂᆞᆫ第觀其待人之爲而吾爲以是占之ᄒᆞ리라

馬山新造佛石塔

嵩陽山人 張志淵

一、上古石塔의起源及名稱、形態

最初印度에서塔을起ᄒᆞᆷ은佛의遺骸又ᄂᆞᆫ遺物을藏ᄒᆞ기爲ᄒᆞ며靈域을表示키爲ᄒᆞ야建築ᄒᆞᆷ이오我朝鮮의造塔ᄒᆞᆷ을言ᄒᆞ여도(一)佛舍利를藏키爲ᄒᆞ며(二)供養키爲ᄒᆞ며(三)他로ᄒᆞ여곰信을生키爲ᄒᆞ며(四)靈域을表示키爲ᄒᆞ야塔을造成ᄒᆞᆷ이라그러나例外로非佛敎的頌德紀念으로써建築ᄒᆞᆫ것도多少存在ᄒᆞ엿도다大槪塔의名稱을言ᄒᆞ면舍利塔、多寶塔、多層塔、相輪塔、成佛塔、法輪塔、名稱塔、寶蓋石鍾塔、莊嚴塔、慈悲塔、等이有ᄒᆞ고其形態도여러가지가有ᄒᆞ나大略其樣式은三層、四層、五層、七層、九層、十三層으로써되얏ᄂᆞᆫᄃᆡ其名稱、種類、形態等이極히多種多樣에涉ᄒᆞ고其數도ᄯᅩᄒᆞᆫ不尠ᄒᆞ야或은鷄狗鳴을隔ᄒᆞᆫ古刹境內와或은廣漠ᄒᆞᆫ平野中에屹然히聳空ᄒᆞ얏스니其古刹에在ᄒᆞ야ᄂᆞᆫ伽藍의中心이되야丹靑의堂宇를莊嚴ᄒᆞᄂᆞᆫ도다石塔이라ᄂᆞᆫ것이其大部分은佛敎의感化에基ᄒᆞᆫ現實的思想으로브터湧出ᄒᆞᆫ産物이라上古에石塔의建築을美術上으로觀ᄒᆞ던지或은佛敎歷史上으로觀ᄒᆞ던지或은上下人心의時代思潮上으로察ᄒᆞ던지其他各方面으로브터專門的으로此를研究ᄒᆞᆯ진ᄃᆡ充分ᄒᆞᆫ價値가有ᄒᆞᆯ지로다

二、馬山佛敎及石塔

馬山은三南에重要之地오朝鮮八港中一大都會處이니東南으로ᄂᆞᆫ海面이平鋪ᄒᆞ야明朗ᄒᆞᆫ光色과爽活ᄒᆞᆫ氣候를吸收ᄒᆞ고西北으로ᄂᆞᆫ山勢가嶒崚ᄒᆞ야麗水佳石이抱回ᄒᆞ고空氣가良好ᄒᆞ니內外國人이多數住居ᄒᆞᄂᆞᆫ地方이라故로慶尙南道梁山郡大

本山通度寺에서大正三年五月十五日에馬山府中央에布敎堂을建築ᄒᆞ고布敎ᄒᆞᆫ지距今五個年度에至ᄒᆞ얏ᄂᆞᆫᄃᆡ其間佛敎가發展된結果로檀信徒男女總計가四千二百五十人에達ᄒᆞ엿고今年度에至ᄒᆞ야ᄂᆞᆫ距里二十里되ᄂᆞᆫ昌原邑內에馬山布敎堂出張所를新設ᄒᆞ야佛敎가漸次發展되니佛日이再輝로다

人生世間에莫大者ᄂᆞᆫ父母之恩이오莫重者도父母之恩이라欲報之恩인ᄃᆡ河海가猶淺이오泰山이猶輕이로다人人의父母之恩이其條有十ᄒᆞ니(一)懷躭守護恩(二)臨産受苦恩(三)生子忘憂恩(四)咽苦吐甘恩(五)廻乾就濕恩(六)乳哺養育恩(七)洗濯不淨恩(八)遠行憶念恩(九)爲造惡業恩(十)究竟憐愍恩이라所以로布敎師金鏡峰和尙의發起大願力과山野間善男子善女人의大信心으로吾人의父母之恩功을千秋에紀念ᄒᆞ며每年昔目連尊者盂蘭會를開ᄒᆞ야父母를薦度ᄒᆞᆫ日(七月十五日)에父母의恩을感慕ᄒᆞ고佛前에供養ᄒᆞ기爲ᄒᆞ야過般九月二十一日(陰八月十七日)에石塔一座(名稱大報父母恩重塔長十五尺廣四尺五寸)을大本山通度寺馬山布敎堂에建築ᄒᆞ엿ᄂᆞᆫᄃᆡ其塔內奉安物은觀音佛像一位、水晶百八念珠一聯、法華經八軸、父母恩重經二軸、楞嚴經十軸、般若經二軸、華嚴經行願品一軸、八陽經一軸、目連經一軸、地藏經一軸、大阿彌陀經一軸、小阿彌陀經一軸、二大呪一軸、彌勒上生下生經一軸、金剛經塔經一軸、大藏目錄一軸、造塔記文一軸、造塔發願文一軸、造塔上樑文一軸、造塔同參錄一軸等을奉安ᄒᆞ엿더라

此塔을親見ᄒᆞᄂᆞᆫ者마다孝心을感發ᄒᆞ며名港馬山에對ᄒᆞ야錦上添花의感을與ᄒᆞᄂᆞᆫ도다馬山府에古跡의風景을言ᄒᆞᆯ진ᄃᆡ故崔孤雲先生遺跡所月影臺와故鄭寒岡先生遺跡地觀海亭과詩人武士의常遊ᄒᆞᄂᆞᆫ騶山亭而已러니今此石塔이將來千篇一律되ᄂᆞᆫ風景에飽ᄒᆞᆫ旅行家의慰安이될터이며千年古昔을推想케ᄒᆞᄂᆞᆫ考古家의詩趣를與ᄒᆞᆯ지로다

教育에就ᄒᆞ야

伽倻山人 崔觀洙

言必稱敎育敎育ᄒᆞ니敎育이라云ᄒᆞᄂᆞᆫ者ᄂᆞᆫ如何ᄒᆞᆫ意味를包含ᄒᆞᆫ것인가其義를ᄒᆞᆫ번解釋ᄒᆞ면凡大를敎ᄒᆞ야聖域에臻케ᄒᆞ며愚氓을敎ᄒᆞ야智堦에登케ᄒᆞ며幼稚ᄒᆞᆫ程度를育ᄒᆞ야高等ᄒᆞᆫ地에達케ᄒᆞ며微弱ᄒᆞᆫ頭腦를育ᄒᆞ야健强ᄒᆞᆫ處에立케ᄒᆞᄂᆞᆫ者이라個人의立身揚名이라던지社會의狀況發展이라던지宗敎의道理播闡이라던지國家의文明進化가皆是敎育을根源底로定ᄒᆞ고增長流出ᄒᆞ야畢竟結果를告ᄒᆞᆫ遺裔餘響이라以故로時宜를識ᄒᆞ고時務를譚ᄒᆞᄂᆞᆫ者ㅣ莫不曰敎育敎育ᄒᆞ야師範養成이尤爲其最先務라ᄒᆞᄂᆞ니라我鮮舊日時代敎育에就ᄒᆞ야一論을試ᄒᆞ면岔岔貿貿ᄒᆞ야擧人家의幼年子弟를迂謬野昧ᄒᆞᆫ村落에全委ᄒᆞ야所究ᄒᆞᄂᆞᆫ其學科의書ᄂᆞᆫ只是千字文、童

❷ ❶
❹ ❸

1919년
마산신조불서탑

원문

馬山新造佛石塔[1]

嵩陽山人 張志淵

一, 上古石塔의 起源及名稱,形態
最初印度에셔塔을起ᄒᆞᆷ은佛의遺骸又ᄂᆞᆫ遺物을藏ᄒᆞ기爲ᄒᆞ며靈域을表示키爲ᄒᆞ야建築ᄒᆞᆷ이오
我朝鮮의造塔ᄒᆞᆷ을言ᄒᆞ여도(一)佛舍利ᄅᆞᆯ藏키爲ᄒᆞ며(二)供養키爲ᄒᆞ며(三)他로ᄒᆞ여곰信을生키爲ᄒᆞ며(四)靈域을表示키爲ᄒᆞ야塔을造成ᄒᆞᆷ이라그러나例外로非佛敎的頌德紀念으로써建築ᄒᆞᆫ것도多少存在ᄒᆞ엿도다大概塔의名稱을言ᄒᆞ면舍利塔,多寶塔,多層塔,相輪塔,成佛塔,法輪塔,名稱塔,寶蓋石鍾塔,莊嚴塔,慈悲塔,等이有ᄒᆞ고其形態도여러가지가有ᄒᆞ나大略其樣式은三層,四層,五層,七層,九層,十三層으로써되얏ᄂᆞᆫᄃᆡ其名稱,種類,形態等이極히多種多樣에涉ᄒᆞ고其數도ᄯᅩᄒᆞᆫ不尠ᄒᆞ야或은 鷄拘鳴을隔ᄒᆞᆫ古刹境內에或은廣漠ᄒᆞᆫ平野中에乞然히聳空ᄒᆞ얏스니其古刹에在ᄒᆞ야ᄂᆞᆫ伽藍의中心이되야丹靑의堂宇ᄅᆞᆯ莊嚴ᄒᆞᄂᆞᆫ도다石塔이라ᄂᆞᆫ것이其大部分은佛敎의感化에基ᄒᆞᆫ現實的思想으로브터湧出ᄒᆞᆫ産物이라上古에石塔의建築을美術上으로觀ᄒᆞᆫ던지或은佛敎歷史上으로觀ᄒᆞ던지或은上下人心의時代思潮上으로察ᄒᆞ던지 其他各方面으로브터專門的으로此을研究ᄒᆞᆯ진ᄃᆡ充分ᄒᆞᆫ價値가有ᄒᆞᆯ지로다

二, 馬山佛敎及石塔
馬山은三南에重要之地오朝鮮八港中一大都會處이니東南으로ᄂᆞᆫ海面이平鋪ᄒᆞ야明朗ᄒᆞᆫ光色

해석

마산 신조불탑

숭양산인 장지연

1. 상고석탑의 기원 및 명칭과 형태
최초 인도에서 탑을 세운 것은 부처님의 유해와 유물을 소장하고 신성하고 신령한 지역과 영역을 표시하기 위해 건축되었다.
우리 조선의 조탑을 말하여도 첫째 부처님과 사리를 소장하기 위함이고, 둘째 공양하기 위함이며, 셋째 다른 사람으로 하여금 신심을 위함이며, 넷째 신성한 지역을 표시하기 위하여 탑을 조성하였다. 그러나 예외로 비불교적 송덕 기념으로 건축한 것도 다소 존재한다. 대개 탑의 명칭을 말하면 사리탑, 다보탑, 다층탑, 상륜탑, 성불탑, 법륜탑, 명칭탑, 보개석종탑, 장엄탑, 자비탑 등이 있다. 그 형태도 여러 가지가 있으나 대략 그 양식은 3층, 4층, 5층, 7층, 9층, 13층으로 되어있다. 그 명칭, 종류, 형태 등이 극히 종류도 많고 양식도 많고 섞여 있으며 그 수도 또한 적지 않다. 혹은 닭과 개의 소리도 들리지 않는 고찰의 경내에 혹은 광막한 들판에 외로이 우뚝 서 있기도 하다. 그 고찰에 있어서는 가람의 중심이 되어 단청된 당우를 장엄하였다. 석탑이라는 것은 대부분 불교의 감화에 기반한 현실적 사상으로부터 생겨난 산물이다. 상고시대 석탑의 건축을 미술적으로 감상한다거나 혹은 불교 역사상으로 관찰하던지 혹은 모든 사람들의 인심인 시대사조상으로 관찰하던지 기타 각 방면으로부터 전문적으로 연구하면 충분한 가치가 있을 것이다.

2. 마산 불교와 석탑
마산은 삼남에서 중요한 지역이다. 조선 여덟 항구 중 큰 도시이다. 동남으로 바다가 펼쳐져서 밝고 유쾌한 광채가 빛나고 시원하게 살 수 있는

1 장지연, 『馬山新造佛石塔』, 『朝鮮佛敎叢報』 14호, 삼십본산연합사무소, 1919, pp.17–20.

과爽活ᄒᆞᆫ氣候를吸收ᄒᆞ고西北으로ᄂᆞᆫ山勢가嶒崚ᄒᆞ야麗水佳石이抱回ᄒᆞ고空氣가良好ᄒᆞ니內外國人이多數居住ᄒᆞᄂᆞᆫ地方이라 故로慶尙南道梁山郡大本山通度寺에서大正三年五月十五日에馬山府中央에布教堂을建立ᄒᆞ고布敎ᄒᆞᆫ지距今五個年度에至ᄒᆞ얏ᄂᆞᆫᄃᆡ其間佛教가發展된結果로檀信徒男女總計가四千二百五十人에達ᄒᆞ였고今年度에至ᄒᆞ야ᄂᆞᆫ距里二十里되는昌原邑內에馬山布教堂出張所를新設ᄒᆞ야佛教가 漸次發展되니佛日이再輝로다

人間世間에莫大者ᄂᆞᆫ父母之恩이요莫重者도父母之恩이라欲報之恩인ᄃᆡ河海가猶淺이오泰山이猶輕이로다人人의父母之恩이其條有十ᄒᆞ니 (一)懷躭守護恩(二)臨産受苦恩(三)生子忘憂恩(四)咽苦吐甘恩(五)廻乾就濕恩(六)乳哺養育恩(七)洗濯不淨恩(八)遠行憶念恩(九)爲造惡業恩(十)究竟憐愍恩이라所以로布敎師金鏡峰和尙의發起大願力과野山間善男子善女人의大信心으로吾人의父母之恩功을千秋에紀念하며每年昔目連尊者盂蘭會를開ᄒᆞ야父母를薦導ᄒᆞᆫ日(七月十五日)에父母의恩을感慕ᄒᆞ고佛前에供養ᄒᆞ기爲ᄒᆞ야過般九月二十一日(陰八月十七日)에石塔一座(名稱大報父母恩重塔長十五尺廣四尺五寸)을大本山通度寺馬山布教堂에建立ᄒᆞ엿ᄂᆞᆫᄃᆡ其塔內奉安物은觀音佛像一位, 水晶百八念珠一聯, 法華經八軸, 父母恩重經二軸, 楞嚴經十軸, 般若經二軸, 華嚴經行願品一軸, 八陽經一軸, 目蓮經一軸, 地藏經一軸, 大阿彌陀經一軸, 小阿彌陀經一軸, 二大呪一軸,彌勒上生下上樑文一軸,造塔同參錄一軸等을奉安ᄒᆞ엿더라

此塔을親見ᄒᆞᄂᆞᆫ者마다孝心을感發ᄒᆞ며名港馬山에對ᄒᆞ야錦上添花의感을與ᄒᆞᄂᆞᆫ도다馬山府에古跡에風景을言ᄒᆞᆯ진대故崔孤雲先生遺跡所月影臺와故鄭寒岡先生遺跡地觀海亭과詩人武士의常遊하는騶山亭而已러니今此石塔이將來千篇一律되ᄂᆞᆫ風景에飽ᄒᆞᆫ旅行家의慰安이될터이며千年古昔을推想케ᄒᆞ는考古家의詩趣를與ᄒᆞᆯ지어다.

기후를 마실 수 있다. 서북으로는 산세가 높고 험해서 깨끗한 물과 아름다움 돌이 서로 감싸서 돌고 공기가 양호해서 내외국인이 다수 거주하는 지방이다. 그러므로 경상남도 양산군 대본산 통도사에서 대정3년 5월 15일에 마산부 중앙에 포교당을 건립하고 포교한지 거금 5년이 되었다. 그간 불교가 발전한 결과는 단월인 신남신녀가 총 4,250인 되었고, 금년도에는 20리 되는 창원 읍내에 마산포교당 출장소를 신설해서 불교가 더욱 발전하니, 부처님의 지혜광명이 더욱 빛났다.

인간 세상에서 막대한 것은 부모의 은혜이다. 은혜를 갚고자 한다면 강과 바다가 넓다 해도 부족할 것이요. 태산이 아무리 무거워도 오히려 가벼울 것이다. 모든 사람들의 부모님에 대한 은혜는 10가지가 있다. 첫째 회탐수호은, 둘째 임산수고은, 셋째 생자망우은, 넷째 인고토감은, 다섯째 회건취습은, 여섯째 유포양육은, 일곱째 세탁부정은, 여덟째 원행억념은, 아홉째 위조악업은, 열째 구경연민은이다. 이런 이유로 포교사 김경봉 화상의 대원력을 일으킨 발원과 농부인 선남자 선여인들의 큰 신심으로 우리들 부모님의 공덕을 만년토록 기념하고자 한다. 매년 옛날의 목련존자가 베푼 우란회를 열어서 천도한 날에 부모님의 은혜를 생각하며 감사하고 부처님전에 공양하기 위하여 지난 9월 21일에 대보부모은중탑(길이 15척, 넓이 4척 5촌)을 대본산 통도사 마산 포교당에 건립하였다. 그 탑 안의 봉안물은 관음불상 1위, 수정 108염주 1연, 법화경 8축, 부모은중경 2축, 능엄경 10축, 반야경 2축, 화엄경행원품 1축, 팔양경 1축, 목련경 1축, 지장경 1축, 대아미타경 1축, 소아미타경 1축, 2대주 1축, 미륵상생하, 상량문 1축, 조탑동참록 1축 등을 봉안하였다.

이 탑을 친견하는 자마다 효심의 마음을 일으키면 유명한 마산항에 금상첨화의 감동을 더하는 것이다. 마산부의 고적의 풍경을 말하자면 옛날 고운 최치원 선생 유적지 월영대와 옛날 정한강 선생 유적지 관해정과 시인과 무사들이 항상 노닐던 추산정 등이다. 지금 이 석탑이 장래에 천편일률적인 풍경에 만족할만한 여행가의 위안이 될 것이며, 천년 옛날을 미리 생각하게 하는 고고가들의 시정을 일으키는 내용과 같을 것이다.

대보부모은중탑, 1918년
(재단법인 불교문화재연구소 사진 제공)

1919년 9월 27일
조선총독부 관보 2140호

원문

布教所設立許可

9月23日 大本山通度寺馬山布教堂出張所 慶尙南道昌原郡昌原面召畓里871

해석

포교소 설립 허가

9월 23일 대본산 통도사 마산포교당 출장소 경상남도 창원군 창원면 소답리 871

○布敎所設立許可　布敎所設立ノ件許可シタルモノ左ノ如シ

許可月日	布敎所名稱	布敎所所在地
九月二十三日	大本山通度寺馬山布敎堂出張所	慶尙南道昌原郡昌原面召畓里八七一

1919년 10월 10일

매일신보每日申報(4면)

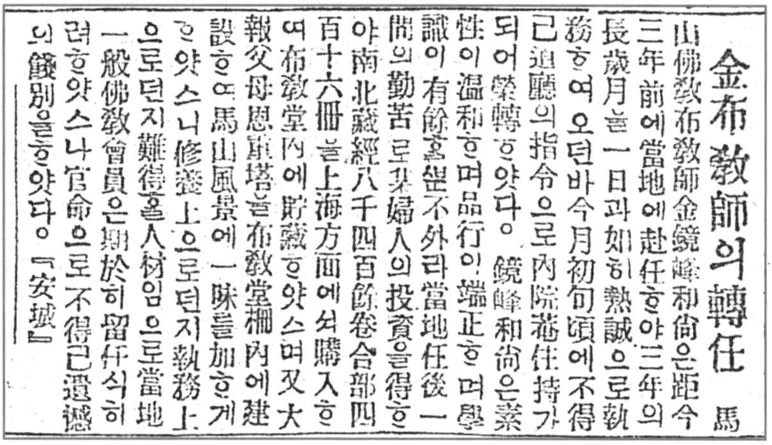

金布敎師의 轉任 馬山佛敎布敎師金鏡峰和尙은距今三年前에當地에赴任ᄒᆞ야三年의長歲月을一日과如히熱誠으로執務ᄒᆞ여오던바今月初旬頃에不得已道廳의指令으로內院菴住持가되어榮轉ᄒᆞ얏다。鏡峰和尙은素性이溫和ᄒᆞ며品行이端正ᄒᆞ며學識이有餘홀뿐不外라當地任後一間의勤苦로某婦人의投資를得ᄒᆞ야南北藏經八千四百餘卷合部四百十六冊을上海方面에셔購入ᄒᆞ며布敎堂內에貯藏ᄒᆞ얏스며又大報父母恩重塔을布敎堂柵內에建設ᄒᆞ야馬山風景에一味를加ᄒᆞ게ᄒᆞ얏스니修養上으로던지執務上으로던지難得홀人材임으로當地一般佛敎會員은期於히留任식히려ᄒᆞ얏스나官命으로不得已遺憾의餞別을ᄒᆞ얏다。『安城』

원문

金布敎師의 轉任

馬山佛敎布敎師金鏡峰和尙은距今三年前에 當地에 赴任ᄒᆞ야 三年의 長歲月을 一日과 如히 熱誠으로 執務ᄒᆞ여 오던 바 今月初旬頃에 不得已道廳의 指令으로 內院菴 住持가 되어 榮轉ᄒᆞ얏다. 鏡峰和尙은 素性 溫和ᄒᆞ며 品行이 端正ᄒᆞ며 學識이 有餘홀뿐 不外라 當地任後一間의 勤苦로 某婦人의 投資를 得ᄒᆞ야 南北藏經八千四百餘卷合部四百十六冊을 上海方面에셔 구입ᄒᆞ여 布敎堂內에 貯藏ᄒᆞ얏스며 又大報父母重塔을 布敎堂柵內에 建設ᄒᆞ여 馬山風景에 一味를 加ᄒᆞ게 ᄒᆞ얏스니 修養 上으로던지 執務上으로던지 難得홀 人材임으로 當地 一般佛敎會員은 期於히 留任식히려ᄒᆞ얏스나 官命으로 不得已遺憾의 餞別을 ᄒᆞ얏다. 『安城』

해석

김포교사의 전임

마산불교포교사 김경봉화상은 3년 전에 마산불교포교당에 부임하였다. 3년 동안 하루같이 열성적으로 사무를 보았다. 이번 달 초순에 부득이 도청의 명령으로 내원암 주지로 영전하였다. 경봉화상은 본래 타고난 성품이 온화하고 품행이 단정하며 학식이 넉넉하고 경우가 바르다. 마산불교포교당에 부임한 후 늘 근면하고 고생을 하면서 어떤 부인의 투자를 얻어서 남북장경 8,400여권, 합부 416책을 상해 방면에서 구입해서 포교당에 저장하였다. 또 대부모은중탑을 포교당에 건설하여 마산 풍경에 하나의 아름다움을 추가하였다. 수행상이나 집무상으로 봐도 얻기 어려운 인재임을 알고 마산의 일반불교회원들은 임기를 유임시키려고 하였지만 도청의 명령으로 부득이 유감스러웠지만 잔치를 베풀어 작별을 하였다. 『안성』

경봉스님의 발자취

경봉(鏡峰, 1892~1982)

본관은 광주(廣州). 속명은 김용국(金鏞國). 법호는 경봉(鏡峰), 시호(詩號)는 원광(圓光). 법명은 정석(靖錫). 경상남도 밀양 출신. 아버지는 영규(榮奎)이며, 어머니는 안동 권씨이다. 여러 선원의 조실을 역임하면서 선(禪)과 교(敎)를 포괄하는 자신만의 독특한 사상으로 선승들을 지도하였다.
7세 때 밀양의 한학자 강달수(姜達壽)에게 사서삼경을 배웠으며, 15세에 어머니를 여의고 난 뒤 1907년 출가하여 양산통도사성해(聖海)의 제자가 되었다. 1908년 3월 통도사에서 설립한 명신학교(明新學校)에 입학하였으며, 그 해 9월 통도사(通度寺) 금강계단(金剛戒壇)에서 청호(淸湖)를 계사(戒師)로 사미계(沙彌戒)를 받았다.

1912년 해담(海曇)으로부터 비구계와 보살계를 받은 뒤, 통도사 불교전문강원에 입학하여 불경연구에 몰두하였다. 그 뒤, 참선공부로 선회하여 내원사(內院寺), 해인사 퇴설당(堆雪堂), 금강산 마하연(摩訶衍), 석왕사(釋王寺) 등을 찾아다니면서 공부하던 중, 김천 직지사에서 만난 만봉(萬峰)과의 선담(禪談)에 감화 받아, 통도사 극락암에서 3개월 동안 장좌불와(長坐不臥)를 하였다.

이와 함께 화엄산림법회(華嚴山林法會)에서 정진하던 중, 4일 만에 오롯한 일원상(一圓相)이 나타나는 경지에 이르렀다. 그러나 번뇌가 완전히 없어지지 않았음을 스스로 점검하고 다시 화두(話頭)를 들어 정진하다가, 1927년 11월 20일 새벽에 방 안의 촛불이 출렁이는 것을 보고 크게 깨달았다. 그 뒤, 당시의 선지식이었던 방한암(方漢巖)·김제산(金霽山)·백용성(白龍城) 등과 교유하며 정진하였다.

1930년 통도사 불교전문강원 원장, 1935년 통도사 주지, 1941년 조선불교중앙선리참구원(朝鮮佛敎中央禪理參究院) 이사장, 1949년 다시 통도사 주지를 역임하면서, 전국의 선승들을 지도하였다.

1953년 통도사극락호국선원(極樂護國禪院)의 조실(祖室)로 추대되어 입적하던 날까지 불자들을 지도하였고, 동화사(桐華寺)·내원사(內院寺) 등 여러 선원의 조실도 겸임하였다.

한시와 시조·필묵에 조예가 깊었고, 자기개안(自己開眼)에 의한 육성으로 설법했으며, 선과 교를 포괄하는 독특한 사상을 남겼다. 또한, 통도사의 삼성반월교(三星半月橋)와 장엄석등(莊嚴石燈) 18좌(座)를 세웠고, 극락암 조사당의 탱화 조성 및 추모 봉행, 특별 정진처인 아란야(阿蘭若)의 창건, 극락암 정법보각(正法寶閣) 신축 및 무량수각(無量壽閣)의 중창 등을 주관하였다.

이 밖에도 경봉장학회를 설립하였으며, 파고다 공원 안에 만해선사기념비 건립도 추진하였다.

또 18세 때부터 85세까지 67년 동안 매일의 중요한 일을 기록한 일지를 남겼는데, 이 일지에는 당시의 사회상과 한국불교 최근세사가 담겨 있다.

1982년 7월 17일에 임종게를 남기고 입적하였고, 7월 21일 통도사연화대에서 다비하였다.

저서로는 법어집인 『법해(法海)』, 『속법해(續法海)』와 시조집인 『원광한화(圓光閒話)』, 유묵집인 『선문묵일점(禪門墨一點)』, 서간집인 『화중연화소식(火中蓮花消息)』 등이 있다.(민족문화대백과사전 인용)

경봉스님의 열반 30주기를 맞아 스님의 생전 수행이력을 한 눈에 볼 수 있는 사진집 〈향성〉을 2012년에 내 놓았다.

2014 극락호국선원 시리즈'라는 이름아래 총 5권의 책으로 구성돼 있다. 경봉 스님의 일기가 담긴 〈삼소굴 일지〉, 경봉 스님의 법문을 엮은 〈경봉 스님 말씀〉, 그리고 삼조 승찬 대사의 신심명을 명정 스님이 풀어 쓴 〈신심명〉과 경허 스님의 한문 선시를 명정 스님이 우리말로 풀어 쓴 〈경허집〉, 마지막으로 명정 스님의 수행 일화를 담은 〈차이야기 선이야기〉 등이다.

오택언(吳澤彦, 1897~1970)

오택언은 1897년 6월 17일 경상북도 양산군 읍내에서 출생하였다. 출가 시기는 알려지지 않지만, 1910년 14세에 이미 통도사에 출가해 있었다. 즉 1910년 7월 통도사의 明信學校 5학년에 재학하고 있었다.[1] 명신학교는 1906년 통도사가 설립한 보통학교로서 경내 화엄전에 교사를 두고 있었다.[2] 오택언은 5학년 1학기 보통과 시험에서 병반의 우등생으로 선발되었다고 한다. 이 기사를 통해 추측해보면 오택언은 1906년 명신학교의 개교와 함께 1학년으로 입학하였고 1910년에는 5학년이 되었으며 1학기 시험에서 우등생이 되었음을 알 수 있다. 그렇다면 오택언은 1906년 10세 때 이미 통도사에 출가해 있었던 것이다. 이후 1918년에 중앙학림에 입학하여 1919년 3·1운동 당시는 2학년생이었다.

오택언은 1919년 2월 28일 한용운의 부름을 받아 유심사 모임에 참석하였고, 동참한 중앙학림 학생들과 함께 범어사 포교당으로 자리를 옮겼다. 이곳에서 각자의 임무를 분담하고 내일 거사의 구체적인 일정과 동선을 논의하였다. 이튿날 마침내 3·1운동 만세행렬의 선두에 섰고, 이날 밤 늦게까지 청진동 등에 독립선언서를 살포하였다. 이후 3월 5일 만세운동을 펼치기 위해 통도사로 향했다. 그러나 누군가의 밀고로 3월 7일 일경에 체포되어 서울로 압송되고 말았다. 즉 오택언은 통도사 만세운동의 기획자였지만 거사가 감행되었던 3월 13일에는 감옥에 갇혀 있었다. 이후 조사와 재판 과정에 대한 진술조서가 고스란히 남아 있어 3·1운동과 3.13 통도사 만세운동이 발생하기 전까지의 자세한 시말을 알 수 있다.

「오택언 신문조서 1」

문 성명·연령·신분·직업·주소·본적지 및 출생지는 어떠한가?

답 성명·연령은 오택언 23세
신분·직업은 중앙학림 학생
주소는 경성부 숭일동 2번지, 중앙학림 기숙사 내
본적지는 경상남도 양산군 하북면 지산리
출생지는 同道 양산군 읍내

1 「明新試驗」, 〈대한매일신보〉(1910. 7. 17)
2 이승윤(2005), 43.

문 位記·勳章·從軍記章·年金·恩給 또는 공직을 가지고 있지 않는가?

답 없다.

문 이제까지 형벌에 처해졌던 일은 없는가?

답 없다.

문 그대는 중앙학림 몇 학년인가?

답 2학년이다.

문 그대는 한용운이라는 자를 아는가?

답 알고 있다.

문 어떤 관계로 아는가?

답 통도사의 사무원을 그 사람이 한 일이 있다. 그래서 알고 있다.

문 그대는 금년 2월 28일에 한용운에게 불리어 그의 집에 갔던 일이 있는가?

답 있다.

문 누구로부터 통지를 받았는가?

답 金圭鉉에게서 통지를 받았다.

문 그때 모였던 자들은 누구누구인가?

답 申尙玩·金祥憲·金浩元·金圭鉉·金大鎔·金奉信·白性郁·鄭秉憲 및 나까지 9명이었다.

문 왜 그에게 불려 갔는가?

답 무슨 용무인지 모르나 불러서 갔더니, 그는 독립선언서를 보이며 자기는 그 서명자와 함께 독립운동을 하고 있는데 내일 파고다공원이나 혹은 기타의 장소에서 이 선언서를 발표할 것이므로 관헌에게 체포될지도 모른다고 말하였다. 그 밖에는 아무 말도 하지 않았다.

문 그때 그가 자기는 독립선언에 진력하고 있는데 이 선언서를 경성 시내에 살포하라고 하며 독립선언서 3천 장을 주었는가?

답 그렇다.

문 그 3천 장을 그 9명이 각자 자기 집으로 가지고 돌아갔는가?

답 그렇다. 그대는 몇 장을 가지고 와서 어떻게 하였는가?

답 나는 백 장쯤을 가지고 가서 청진동에 배포하였다.

문 한용운은 그때 관헌에게 발각되지 않도록 주의하여 배포하라고 하지 않았는가?

답 그렇게 말하였다.

문 그대가 청진동에 배포한 것은 언제인가?

답 금년 3월 1일 오후 9시 경이었다.

문 한용운의 집에서 정병헌이 인력거로 선언서 3천 장을 중앙학림 기숙사로 가지고 돌아와서 학생 40명에게 배포하도록 하였는가?

답 그렇다.

문 그대는 그 중의 4장을 우편으로 보냈는가?

답 그렇다. 양산군 통도사에 있는 申九潭·申華秀 2인에게 우송하였다.

문 그리고 한용운은 그때 3월 1일에 독립선언을 하니 파고다공원에 모이라고 했는가?

답 그렇게 말했으므로 나는 3월 1일에 파고다공원에 갔었다.

문 파고다공원에서부터 경성시내를 독립만세를 부르면서 돌아다녔는가?

답 그렇다. 파고다공원에서 종로통으로 나와서 대한문 앞까지 갔었다.

문 그 밖에 그대는 독립만세를 부른 일이 없는가?

답 그러한 일은 없었다.

문 그대는 3월 5일에 양산군 통도사로 돌아갔는가?

답 그렇다.

문 고향에서 독립운동을 하기 위하여 귀성했던 것이 아닌가?

답 그러한 일은 없었다. 시골에서 國葬을 구경하러 왔다가 고향에 돌아가 그 일을 말하면 늙은 부모님이 걱정할 뿐 아니라 경성에 있어도 당분간 수업도 없으므로 집으로 돌아갔던 것이다.

문 그대가 한용운의 부탁으로 배포한 선언서는 이것인가?

이때 「선언서」라는 제목의 인쇄물을 보이다.

답 그렇다.

문 그대는 國民大會를 아는가?

답 모른다.[3]

오택언이 3월 13일 서울 경무총감부에서 일인 검사에게 취조받은 신문조서이다. 이 조서는 오

3 국사편찬위원회(1993), 20–22, 「오택언 신문조서 1」 1919년 3월 14일.

택언의 나이와 주소 등 구체적인 신상은 물론 한용운과 3·1운동, 중앙학림 학생들의 역할 등에 대한 중요한 내용을 담고 있다.

주요 내용을 요약해보자. 오택언은 당시 23세로 중앙학림 2학년 재학 중이었다. 2월 28일 한용운이 부른다는 김규현의 연락을 받고 유심사에 갔다. 한용운이 통도사의 사무원을 지낸 바 있어 알고 있던 관계였다. 참석자는 신상완·김상헌·김호원·김규현·김대용 · 김봉신 ·백성욱·정병헌 등 9명이라고 하였다.[4]

한용운이 내일 파고다공원에서 독립선언서를 발표할 것이라고 하며 3천 장을 시내에 살포하라고 주었다. 정병헌이 인력거로 독립선언서 3천 장을 중앙학림 기숙사로 운반하여 학생 40명에게 배부하였다. 오택언은 3월 1일 파고다공원에서 종로를 거쳐 대한문까지 만세행진을 하였다. 밤 9시 경에 백 장쯤을 청진동에 배포하였고, 그 중의 몇 장은 통도사에 있는 신구담·신화수에게 우편으로 발송하였다. 3월 5일 통도사에 내려갔다가 고향집에 들렀다고 하였다.

이상과 같은 오택언의 진술내용은 사실과는 달리 상당 부분이 축소되거나 감춰져 있다. 우선 한용운과의 인연을 그가 통도사의 사무원을 지냈기 때문이라며 특별한 관계가 아니라는 듯이 대답하였다. 한용운의 특별한 지시에 의해 만세운동에 참여한 사실을 감추려는 의도라고 생각된다. 사실 한용운은 오택언의 말처럼 '통도사의 사무원'을 지낸 일이 없다. 한용운은 1913년 5월 통도사 강원의 강사를 맡은 사실이 있다.[5]

오택언은 1910년에 통도사 명신학교의 5학년생이었다. 이후 1918년 중앙학림에 입학할 때까지의 행장은 알 수 없으나 1913년에는 17세로 강원에서 수학하고 있었을 것이다. 이 해 한용운이 강사를 맡았으므로 그와 오택언은 강사와 학생의 관계라고 추정된다. 오택언은 명신학교의 우등생이었고, 또 절에서 선발하여 중앙학림에 진학시킬 정도의 우수한 인재였다.

그러므로 한용운이 그를 모를 리가 없었고 철저한 비밀이 요구되는 3·1운동의 거사를 모의하는 자리에 부를 정도로 깊은 신뢰를 지니고 있었다. 이 믿음에 보답하는 듯이 오택언은 "그는 독립선언서를 보이며 자기는 그 서명자와 함께 독립운동을 하고 있는데 내일 파고다 공원이나 혹은 기타의 장소에서 이 선언서를 발표할 것이므로 관헌에게 체포될지도 모른다고 말하였다. 그 밖에는 아무 말도 하지 않았다."고 하였다.

김법린의 회고에 의하면 그날 밤 한용운은 학생들에게 꽤 긴 시간 동안 독립만세운동의 배경과 과정, 행동 지침 등을 소상하게 설명하였다.[6] 그러나 오택언은 검사 앞에서 한용운은 "그 밖에는 아무 말도 하지 않았다."고 하였다.

1919년 6월 26일에 2차 신문이 있었다. 오택언은 이제야 한용운과의 인연을 보다 상세히 진술하였다. 오택언은 3월의 1차 신문조사에서는 한용운을 통도사의 '사무원'이라고 했다가, 6월의 2차 신문에서는 '강사'라고 하였다.[7] 그와의 밀접한 관계를 감추기 위한 의도로 보이는데 이미 6월에는 한용운이 구속된 상황이라 굳이 숨길 필요가 없었을 것이다. 그러나 "드물게 방문하였고, 공부 열심히 하라."는 말 정도만을 들었다며 말을 아꼈다. 이러한 오택언의 의지는 정병헌에 관해 묻는 검사의 질문에도 일관되었다. 검사는 "정병헌은 금년 2월 20일경부터 독립운동에 관해 동분서주하고 있었던 것은 아닌가?" 또는 "朴祥鉉, 李世春도 파고다공원에 모여 있었는가?" 등의 질문에 "나는 모른다." 며 은밀한 사실은 일체 답변하지 않았던 것이다.

오택언의 이러한 굳은 심지와 관련하여 주목하는 인물이 박민오이다. 1946년 김법린은 3·1운동을 회고하면서 거사 전날 밤 한용운을 만난 인물 9명을 열거하였는데 여기에 박민오가 포함되어 있다. 그런데 오택언은 1919년 심문을 당할 때, 박민오는 일체 언급하지 않았다. 박민오는 통도사 출신으로 당시 중앙학교에 재학하고 있었다. 그는 만해를 만나던 그날 밤 유심사에 함께 있었고, 범어사포교당으로 옮겨 거사의 실행계획을 함께 논의하였다.

오택언과 박민오는 통도사 출신으로 당시 중앙

4 김법린은 1946년 회고록에서 "현 惠專의 전신 불교중앙학림의 학생 申尙玩, 白性郁, 金祥憲, 鄭炳憲, 金大鎔, 吳澤彦, 金奉信, 金法麟과 中央學校의 朴玟悟 등은 고 만해 한용운선생의 긴급한 명령에 의하여 계동에 있는 선생의 자택으로 모였다."라며 모두 9명이라고 하였다. 김법린(1946), 15. 오택언과 김법린의 증언을 종합하면 이날 참석자는 김규현·김대용·김법린·김봉신·김상헌·김호원·박민오·백성욱·신상완·오택언·정병헌 등의 11인이다.

5 김광식(2004), 84-85.

6 김법린(1946), 15-17.

7 국사편찬위원회(1993), 「오택언 신문조서 2」, 115-118.

학교에 재학하고 있었으므로 매우 각별한 사이였다. 3·1운동에 참여한 동지들이 대부분 검거되거나 도망 다니는 현실에서 오택언은 박민오의 존재를 철저히 비밀에 부쳐 끝까지 보호하려는 의도였다고 생각된다.

한편 2차 신문조서에서 오택언은 만세운동이 나라의 독립을 이루기 위한 행동이었음을 자신있게 피력하였다. 검사가 "어째서 조선의 독립을 희망하는가?"라고 묻자, "그것은 조선사람이 모멸당하고 일본인과 너무나 차이가 컸으므로 독립을 희망하는 것이다. 만세운동을 통해 나라의 독립이 이루어진다."[8]고 당당하게 소신을 밝혔다. 오택언은 구속된 처지였으나 자신의 의지를 굽히지 않는 확고한 민족의식을 지니고 있었다. 그러나 결과는 징역 8개월의 실형이었다.[9]

오택언은 이 결정에 불복하여 재심을 청구하였다. 그러나 일제는 출판법, 보안법, 형법 등의 악법을 들어 기각시켰고, 1919년 11월 6일의 복심을 거쳐 1920년 2월 27일 징역 8개월 형을 확정 언도하였다. 다행히 미결상태의 구류일수인 180일은 본형에 포함하여 60일 가량의 수형생활을 하였다.

오택언은 서대문감옥에서 형기를 마치고 1920년 4월 28일에 출옥하였다.[10] 이후 청년포교 활동에 매진하였다. 1923년 8월에는 마산에서 수해구제회를 결성하여 복구기금을 모집하는데 오택언도 회원으로 참가하였다.[11] 8월 30일에 이 단체에서 수해구제음악회를 개최하였는데 성금 기부자의 명단 가운데 오택언도 2원을 냈다고 기록되어 있다.[12] 같은 해 10월 3일에 오택언은 마산포교당에서 불교청년회의 결성을 주도하였고 理財部長을 맡았다.[13]

1928년에는 진주불교포교당의 법사로 있었다. 그해 5월 8일 진주불교진흥회와 불교청년회가 주관하여 진흥회관에서 석가탄일기념법회를 열었는데 천여 명이 참석한 가운데 오택언이 법문하였다. 오후에는 진주의 극빈계층에게 식량과 의복을 시주하였다.[14] 1929년 5월 진주청년동맹의 주도로 慶北飢饉民救濟會가 발족하였는데 선전부의 임원으로 위촉받았다. 이처럼 오택언은 포교는 물론 사회구제 활동에도 적극적으로 활동하였다. 이해 12월에는 조선불교승려대회 개최를 위한 발기회의 위원으로 참가하였다.[15]

이듬해 1929년 7월에는 마산불교회 포교사로 추대되었다.[16] 통도사와 마산불교회 간의 이견으로 내홍을 겪던 마산불교회의 신임포교사로 그가 추천되었다. 이전에도 마산포교사를 역임하면서 신임을 받았고, 불교는 물론 사회사업을 많이 하는 청년포교사라고 하였다. 오택언의 이러한 사회사업의 면모는 다음의 기사에서도 확인된다.

> 마산부내 조선인 부녀간에 조선 언문을 해득치못하는 수가 실로 半分 이상으로서 한심한 상태에 달하얏는데 其原因은 생활곤란 又는 연령관계로 적당한 시기에 취학치 못하고 일생을 문맹의 신분으로 可憐한 程途에서 渡世할 뿐만아니라 사회에 就하야도 非常한 손실이 막대하는바 此를 鑑한 양산 통도사 마산포교소 주지 오택언씨의 발기로서 마산배달유아원 보모 金信玉, 李亨吉, 李點善 제씨와 협의한 결과 보모 三氏는 사회봉사적 의미에서 자발적으로 야간을 이용하야 전기 포교소법당 廣間에서 비공식으로 약 1개월 전부터 언문 교수를 실시 중인바 수업인의 연령은 15세 이상의 未成 처녀 及 부녀 등으로서 目下 백여 명의 好成績에 달하얏슴으로 오씨의 特善 지도와 보모 제씨의 열심 교수에 대하여 일반사회에서는 稱謝不己한다.[17]

오택언은 1931년 마산배달유아원의 교사들과 함께 마산포교소에서 한글을 가르치는 강습소를

8 국사편찬위원회(1993), 「오택언 신문조서 2」, 117.

9 「오택언 판결문 1」 1919년 8월 30일, 국가기록원, 독립운동관련 판결문. 오택언이 8년형을 언도받았다는 서술은 오류이다. 임혜봉(2001), 110-111. 영축총림 통도사(2010), 133.

10 조선총독부 경기도 경찰부, 「감시대상인물카드」'오택언'뒷면.

11 「西北水害救濟 馬山에서 組織」, 〈동아일보〉(1923. 8. 24)

12 「水害救濟音樂」, 〈동아일보〉(1923. 9. 6)

13 「佛敎靑年會創立」, 〈동아일보〉(1923. 10. 14)

14 「極貧者 救濟 釋迦誕日記念」, 〈동아일보〉(1928. 5. 31)

15 승려대회는 1929년 1월 3일부터 5일까지 각황사에서 '조선불교선교양종 승려대회'라는 이름으로 개최되었다. 김광식(1996), 313-318. 이에 앞선 1928년 12월 4일 불교계는 승려대회를 개최하기 위해 조선승려대회발기회준비위원회와 불교학회의 이름으로 90여 명의 승려대표가 종로경찰서에 허가를 신청하였다. 위원회 명단 가운데 '오택언(포교사, 경남 진주).'이 보인다. 국사편찬위원회, [국내 항일운동 자료. 경성지방법원 검사국 문서], 『思想問題에 關한 調査書類』 5, 문서번호: 京鍾警高秘 제16041호의 2, 「조선불교승려대회발기회 개최의 건 보고(통보)」.

16 「馬山佛敎 紛糾解決 佈敎師新任」, 〈매일신보〉(1929. 7. 24)

17 「文盲婦女에 朝鮮文敎援 通度寺馬山布敎所에서」, 〈매일신보〉(1931. 7. 24)

운영하였다.[18] 15세 이상의 부녀자들이 대상자였는데 한 달 여 만에 백여 명이 좋은 성적을 받았다며 칭송받았다. 1934년에는 통도사의 監司로 선임되어 마산포교소를 떠났다. 1923년 무렵 처음으로 마산포교소의 포교사를 시작한 이래 1934년 3월까지 3회 이상 포교사를 역임하면서 많은 공로를 세웠다고 한다.[19]

오택언은 1935년 3월에는 조선불교중앙교무원의 심사위원에 선출되었다. 3월 8일 교무원의 13회 평의회총회가 계속되었는데 총회의 의안과 예결산 등을 심의하는 역할이었다.[20] 그는 1935년에는 전조선 읍면의원 선거에서 통도사가 자리한 양산군 하북면의 협의회원(전체 10인)에 선출되었다.[21] 협의회원은 오늘날의 구의원에 해당하는데 1939년에도 당선되었다.[22]

이상과 같이 오택언은 중앙학림 재학 중에 3·1운동에 참여하였고, 통도사의 3·1운동을 기획하다가 8개월의 수감생활을 겪었다. 출옥 이후에는 진주와 마산에서 포교사로서 청년 포교에 매진하였다. 이와 아울러 빈민구제·수해구제사업, 교육사업 등에도 힘을 쏟았다. 통도사의 감사로 재직하면서 조선불교중앙교무원의 심의위원이 되어 종단행정에도 일익을 담당하였다. 이후 적극적으로 지역사회 운영에 참여하여 하북면 협의회원으로 활동하기도 하였다. 그는 독립을 성취하기 위한 3·1운동 참여를 계기로 민족과 사회, 그리고 종단으로 이어지는 하화중생의 길로 나아갔다.

한상길, 「통도사와 표충사의 3·1운동」, 『한국불교학』 88집, 2018.11, 218–228쪽

18 오택언은 1930년 4월에 마산사립배달유아원의 이사가 되었다. 「園舍 增築 保留 리사를 개선」, 〈동아일보〉(1930. 4. 9)

19 "양산 통도사 마산포교사 오택언씨는 曾往에도 마산포교사를 역임하야 倍達學院을 창설하얏스며 불교청년회, 소년회 등을 조직하는 등 마산교회의 면목을 일신케한 공로자엿섯다."「通度寺 馬山布敎師 更迭」, 〈매일신보〉(1933. 3. 18)

20 「議案審查委員十一人選擧 佛敎評議員會」, 〈동아일보〉(1935. 3. 9)

21 「全朝鮮邑面議員. 梁山郡 各面 協議會員. 下北面 吳澤彦」, 〈朝鮮中央日報〉(1935. 5. 28)

22 「廣告 當選謝禮」, 〈매일신보〉(1939. 6. 1)

Ⅱ

1920년대

各支局通信欄
交通機關의完備와 鐵道敷設促成의
公州市民大會
十六日公州公普校에서
滿場一致로可決
知事一行來安
軍隊迎送反協議
兼浦水道布設
迎日水利修復
慶北普校增設
大邱文士劇開催
春川神社大祭
落成第一期祭
多島海警備
馬山通度寺布教堂內
佛教大藏經展覽會開催
地方伸寃欄
謹告
論山分局
ゴール萬年筆特價提供
商標
電氣
定價
特製
活命液
京城府仁寺洞一百八十一番地
再生堂藥房
友助堂
如何한婦人藥이라도遂히及지못할
婦人病에用하야無効함이無할
中將湯
津村順天堂
大學目藥
參天堂
學生帽子
金成商店
柳在明絹緞布木商店
心身의愉快와
保健을欲하는人은
常히가오루를口中에含할지오
衛生
口錠
カオール

馬山通度寺佈敎堂內
佛敎大藏經展覽會開催
=八千四百十六卷=
男女信徒聽法者가數百名이다
馬山府新町通度寺佈敎堂內에本月十日부터本末各寺僧侶本住持金九河佈敎師具晦堂法師徐海曇尹皓月朴寶潭趙虎山朴震海金幻翁金雪岩金一牛李滿虛韓雪皐金震雲金正律朴一雲金龍惺金在奉等三十餘人이會集ᄒᆞ야佛敎大藏經四百十四冊八千四百十六卷展覽會를開始ᄒᆞ얏ᄂᆞᆫᄃᆡ當地及隣近邑村間信徒南女老少聽法者ㅣ逐日雲集ᄒᆞ야一大盛況을呈ᄒᆞ얏더라『馬山分局』

원문

馬山通度寺佈教堂內 佛教大藏經展覽會開催
=八千四百十六卷=

男女信徒聽法者가數百名이다.
馬山府新町通度寺布教堂內에本月十日부터本末各寺僧侶本住持金九河佈教師具晦堂法師徐海曇尹皓月朴寶潭趙虎山朴震海金幻翁金雪岩金一牛李滿虛韓雪皐金震雲金正律朴一雲金龍惺金在奉等三十餘人이會集ᄒᆞ야佛教大藏經四百十四冊八千四百十六卷展覽會를開始ᄒᆞ얏ᄂᆞᆫᄃᆡ當地及隣近邑村間信徒南女[1]老少聽法者ㅣ逐日雲集ᄒᆞ야一大盛況을呈ᄒᆞ얏더라『馬山分局』

해석

마산통도사포교당 내 불교대장경 전람회 개최
= 8,416권=

남녀 신도들의 법을 듣는 자가 수백명이다.
마산부 신정(新町) 통도사 마산포교당 내에서 본 4월 10일부터 본사와 말사의 승려와 본사 주지 김구하(金九河), 포교사 구회당(具晦堂), 법사 서해담(徐海曇), 윤호월(尹皓月), 박보담(朴寶潭), 조호산(趙虎山), 박진해(朴震海), 김환옹(金幻翁), 김설암(金雪岩), 김일우(金一牛), 이만허(李滿虛), 한설고(韓雪皐), 김진운(金震雲), 김정율(金正律), 박일운(朴一雲), 김용성(金龍惺), 김재봉(金在奉) 등 30여인이 모여서 불교대장경 414책 8,416권 전람회를 처음으로 시작하였다. 마산과 인근 읍과 촌에서 신도와 남녀노소의 법을 듣는 자가 날마다 많이 운집해서 크게 성황을 이루었다. 『마산분국』

1 南女는 男女의 誤記이다.

韋庵 張志淵선생 一代記 중
마산포교당 관련 기록*

원문

포교당서 鏡峰스님과 交流

韋庵은 오래 전부터 종교에 관심을 가져 馬山의 불교포교당에 나갔다. 이 무렵 韋庵은 불교포교당에서 鏡峰스님을 만났다.
鏡峰스님은 1892년 4월 9일 경남 密陽군 府內면 界首동에서 출생하여 15세 때 양산 通度寺에 입산했다. 수도생활을 하던 鏡峰스님은 불교 포교사사 되어 馬山에 왔었다.
韋庵은 鏡峰스님과 교유하면서 법문을 듣고 감명을 받았다.
鏡峰禪師는 통도사의 큰 스님이다. 그 성품은 단아하고 학식이 해박하고 시 잘 짓고 글씨 잘 쓰며 儒家의 선비들과 어울려 놀기를 좋아하니 대개 惠遠과 靈澈과 같은 분이다. 馬山포교당에 와 머물면서 설법하고 戒行을 하니 모든 선남선녀의 시도들이 신앙하고 귀의하여 재를 받지 않는 이가 없었다.
그래서 큰 원력과 큰 자비심을 일으켜 심력을 아울러 기쁘게 보시하여서 돌을 쌓아 탑을 만들고 藏經을 새겨 기념했다 … 나도 또한 스님의 오묘한 견해와 정진, 두렷하면서 맑고 담박함을 좋아해 … 법문을 들은지 여러 해가 되었다 …
(『韋庵文稿』 2권 次 鏡峰和尙贈別韻)
韋庵은 含哺城 서쪽 가을 경치를 바라보며 포교에 여념이 없는 鏡峰스님에게 「題馬山布敎堂市樓上」이라는 시를 지어 보냈다.

合浦城西鶴嶺秋　敎堂高處敞禪樓
樹梢遠舶烟中出　天際羣峰水上浮
燈邃香殘僧獨定　梵淸鍾羣夢初牧
也地圓滿東方月　遍照曇花五大淵
함포성 서쪽 鶴嶺엔 가을이 오네
포교당 높이 짓고 神院을 열었네
숲 사이 배는 연기 속에 떠나가고
하늘가 산봉우리 물위에 어리네
깜박이는 등 스러지는 향연 스님은 홀로 좌정하고
범종의 맑은 소리 그치자 객의 꿈이 깨어졌네
둥글고 둥근 동방의 밝은 달 알게되니
優曇花 피듯 세상을 두루 비추소서

韋庵은 1919년 4월에 馬山불교포교당 스님들의 권유로 梁山 통도사를 찾았다. 그는 통도사에서 비명에 죽은 둘째 아들 在轍의 넋을 위로하고 인생의 무상함을 뼈저리게 느껴 불교에 더욱 심취했다.
이해 가을 마산불교포교당에 있던 鏡峰스님은 內院寺 주지로 가면서 韋庵에게 「贈別韻」이라는 시를 남겨 애틋한 이별의 정을 나타낸다.

報恩一塔衆人誠　記念千秋感此情
關樹留雲同贈別　汽車催路獨堪行
來時初對春風好　去後相思海月明
佛地樹功多蔭德　相傳口喝不朽名
보은의 한 탑 뭇사람의 정성으로 이루어
천추만대에 기념하는 그 듯 감격하네
關樹에 구름 머물러 전별의 뜻 표하는 듯
기차는 길을 재촉한다만 나 홀로 어이 가리

* 이광석 편저, 『是日也放聲大哭-韋庵 張志淵 言路紀行』, 경남언론문화연구소, 1994, 320-323쪽

올때는 봄바람이 좋이 불더니
떠난 뒤엔 바다의 달처럼 서로 생각하리
불법에 공덕 심으면 음덕이 쌓이는 것
서로 전하는 입 비석에 그 이름 영원하리

韋庵은 낯선 타향 馬山에서 교유했던 鏡峰스님의 이별을 안타까워하는 시를 받고「鏡峰尊師和贈別韻」을 지었다.

峨峨功塔表精誠　石面卍書信有情
每喜拈花臨法會　不期飛錫入山行
嶺雲遠逗靈峰黯　海月長留寶鏡明
來歲林間朱매熱　舊游岩上更題名

높고 높은 공덕탑은 정성을 표현했고
석면에 장경을 새겨 정을 나타냈네
拈花하심 매번 즐거워 법회에 임했는데
뜻밖에도 錫杖 날려 산에 들어가시네
재 넘어 구름은 멀리 영취산처럼 어두운데
바다 달은 뜻이 있어 보배 거울처럼 비추네
내년에 숲속 딸기 익으면
예 놀던 바위 위에 다시 이름 써보세

鏡峰스님과 헤어져 쓸쓸히 지내던 韋庵은 1920년 겨울 가족들과 함께 馬山 月影리에서 壽町(현 壽城동)으로 이사를 했다. …
(위안 장지연선생기념 사업회 수록)

大正十四年六月二十七日 (土曜日)
咸北産業의現勢(三)
上林敬次郞氏 談
公會堂工事
公州白日場
馬山佛敎宣傳
改良講演會
避病院寄附金
咸北의鹽田法
天道敎講演會
全州代書料一定
咸南私校講習
讀者俱樂部
謹告
小說豫告
家庭悲劇 黑眞珠 朴容奐 作
삼용보익수
夏瘠과難堪者此藥을服하오
模範賣藥商會
ゴール萬年筆特價提供
友文館書會
普通學校朝鮮語及漢文讀本字解
百發百中
破積丸
名聲天下에轟
効顯的確
合理的有機性鐵劑
補血
ブルトーゼ
强壯
부루도-제

1921년 6월 27일

매일신보每日申報(4면)

馬山佛敎宣傳

慶南馬山府通度寺出張所에셔는六月二十五日午後七時三十分브터佛敎宣傳을하얏는대在東京佛敎留學生一團이此에當하얏다더라(馬山)

원문

馬山佛敎宣傳

慶南馬山府通度寺出張所에셔는六月二十五日午後七時三十分브터佛敎宣傳을하얏는대在東京佛敎留學生一團이此에當하얏다더라(馬山)

해석

마산 불교 선전

경남 마산부 통도사 출장소에서는 6월 25일 오후 7시 30분부터 불교 선전을 하였다. 동경불교 유학생 단체가 하였다. (마산)

1921년 6월 30일

동아일보東亞日報(4면)

佛敎青年巡廻講演

佛敎青年東京留學生이夏期休暇를利用하야講演團을組織하고朝鮮各地를巡廻講演함은既報하얏거니와同團一行은去二十六日馬山에到着하야同日下午八時當地佛敎布敎堂에서講演을開하엿는대그演題及演士의氏名은如左하며聽衆은二百餘名에達하야一大盛况을呈하엿다더라

平和와幸福 李英宰君
社會改造와內的生活 金敬注君
青年의使命과宗敎團體 姜性仁君
(馬山)

원문

佛教青年巡廻講演

佛教青年東京留學生이夏期休暇를利用하야講演團을組織하고朝鮮各地를巡廻講演함은既報하얏거니와同團一行은去二十六日馬山에到着하야同日下午八時當地佛教布教堂에서講演을開하엿는대그演題及演士의氏名은如左하며聽衆은二百餘名에達하야一大盛況을呈하엿다더라

平和와幸福 李英宰君
社會改造와內的生活 金敬注君
青年의使命과宗教團體 姜性仁君 (馬山)

해석

불교청년 순회 강연

불교청년 동경유학생들이 하기 휴가를 이용하여 강연단을 조직해서 조선 각지를 순회 강연하는 것은 이미 보도되었다. 강연단 일행은 26일 마산에 도착해서 오후 8시 마산포교당에서 강연을 열었다. 그 강연의 제목과 연사는 아래와 같고, 청중은 2백여명이 참석하여 일대성황을 이루었다.

평화와 행복 – 이영재
사회 개조와 내적 생활 – 김경주
청년의 사명과 종교단체 – 강성인 (마산)

1922년 7월 11일

동아일보東亞日報(4면)

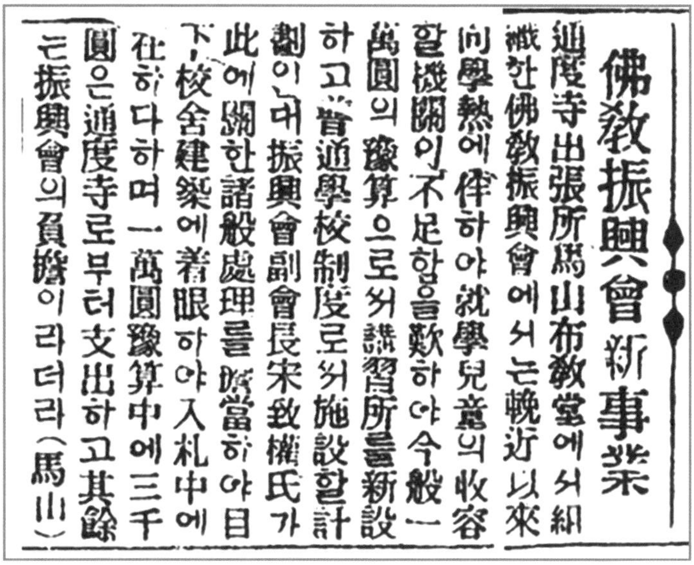

佛敎振興會新事業

通度寺出張所馬山布敎堂에서組織한佛敎振興會에서는輓近以來向學熱에伴하야就學兒童의收容할機關이不足함을歎하야今般一萬圓의豫算으로써講習所를新設하고普通學校制度로써施設할計劃인대振興會副會長宋致權氏가此에關한諸般處理를擔當하야目下校舍建築에着眼하야入札中에在하다하며一萬圓豫算中에三千圓은通度寺로부터支出하고其餘는振興會의負擔이라더라(馬山)

원문

佛教振興會新事業

通度寺出張所馬山布教堂에서組織한佛教振興會에서는輓近以來向學熱에伴하여就學兒童의收容할機關이不足함을歎하야今般一萬圓의豫算으로써講習所를新設하고普通學校制度로써施設할計劃인대振興會副會長宋致權氏가此에關한諸般處理를擔當하야目下校舍建築에着眼하야入札中에在하다하며一萬圓豫算中에三千圓은通度寺로부터支出하고其餘는振興會의負擔이라더라 (馬山)

해석

불교진흥회 신사업

통도사 출장소 마산포교당에서 조직한 불교진흥회에서는 근래 향학열에 반하여 취학 아동들을 수용할 건물과 프로그램이 부족한 것을 한탄하였다. 이번에 만원의 예산으로 강당을 짓고 보통학교의 제도를 만들 계획이다. 진흥회 부회장 송치권(宋致權)씨가 여기에 관한 모든 일을 담당해서 처리하고 바로 교사 건축에 착수해서 승인을 기다린다. 1만원 예산 중에 3천원은 통도사에서 지출하고 그 나머지는 진흥회가 부담하기로 하였다. (마산)

1922년 9월 15일
동아일보東亞日報(4면)

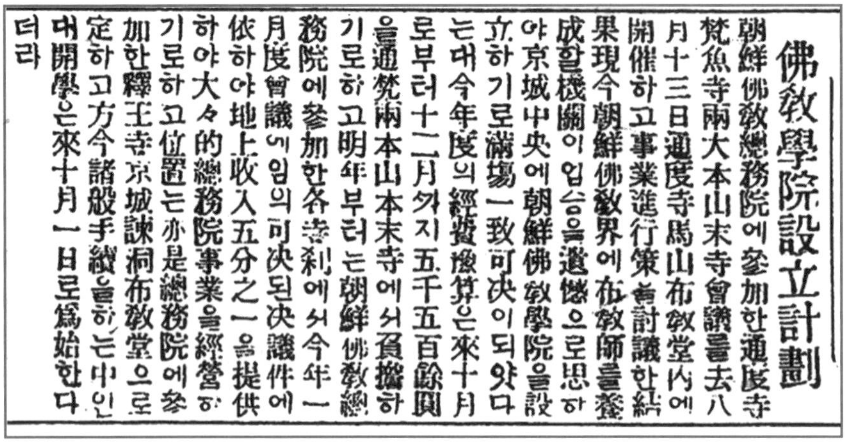
佛敎學院設立計劃

朝鮮佛敎總務院에參加한通度寺梵魚寺兩大本山末寺會議를去八月十三日通度寺馬山布敎堂內에開催하고事業進行策을討議한結果現今朝鮮佛敎界에布敎師를養成할機關이업슴을遺憾으로思하야京城中央에朝鮮佛敎學院을設立하기로滿場一致可決이되얏다는대今年度의經費豫算은來十月로부터十二月까지五千五百餘圓을通梵兩本山本末寺에서負擔하기로하고明年부터는朝鮮佛敎總務院에參加한各寺刹에서今年一月度會議에임의可決된決議件에依하야地上收入五分之一을提供하야大々的總務院事業을經營하기로하고位置는亦是總務院에參加한釋王寺京城諫洞布敎堂으로定하고方今諸般手續을하는中인대開學은來十月一日로爲始한다더라

원문

佛教學院設立計劃

朝鮮佛教總務院에參加한通度寺梵魚寺兩大本山末寺會議를去八月十三日通度寺馬山布教堂內에開催하고事業進行策을討議한結果現今朝鮮佛教界에布教師를養成할機關이업슴을遺憾으로思하야京城中央에朝鮮佛教學院을設立하기로滿傷一致[1]可決이되얏다는대今年度의經費豫算은來十月로부터十二月까지五千五百餘圓을通梵兩本山本末寺에서負擔하기로하고明年부터는朝鮮佛教總務院에參加한各寺刹에서今年一月度會議에임의可決된決議件에依하야地上收入五分之一을提供하야大〃的總務院事業을經營하기로하고位置는亦是總務院에參加한釋王寺京城諫洞布教堂으로定하고方今諸般手續을하는中인대開學은來十月一日로爲始한다더라

1 滿傷一致는 滿場一致의 오기이다.

해석

불교학원 설립 계획

조선불교총무원에 참가한 통도사, 범어사 두 본사(本寺)와 말사 회의를 지난 8월 13일 통도사 마산포교당에서 개최하였다. 사업 진행책을 토의한 결과는 현재 조선불교계에 포교사를 양성할 기관이 없음을 유감으로 생각하였다. 서울 중앙에 조선불교학원을 설립하기로 만장일치로 가결하였다. 올해의 경비예산은 오는 10월부터 12월까지 5,500여원을 통도사와 범어사 두 본사에서 부담하기로 하였다. 내년부터는 조선불교총무원에 참가한 각 사찰에서 금년 1월 월례회의에서 임의 가결된 건에 의하여 땅 수입 5분의 1을 제공해서 대대적으로 총무원 사업을 경영하기로 하였다. 위치는 총무원에 참석한 석왕사의 경성 간동포교당으로 정하고, 모든 수속을 하는 중이다. 개학(開學)은 오는 10월 1일부터 시작하기로 하였다.

1922년 11월 24일
동아일보東亞日報(4면)

佛教振興學校建築

梁山通度寺馬山佛教布教堂內의
佛敎振興會에서는今般通度寺로
부터五千圓의補助를受하야學校
建築工事에着手하얏더라(馬山)

원문

佛教振興學校建築

梁山通度寺馬山佛教布教堂內의佛教振興會에서는今般通度寺로부터五千圓의補助를受하야學校建築工事에着手하얏더라 (馬山)

해석

불교진흥학교 건축

양산 통도사 마산불교포교당 내의 불교진흥회에서 이번에 통도사로부터 5천원의 보조를 받아서 학교 건립공사에 착수하였다. (마산)

通度寺가 又脫退

당국간섭으로조직된교무원 통도사는재단법인참가거질

조선불교 삼십본산이 금년봄이래로 분규가계속하야 용이히일、되여 나가지아니하고 총독부학무국(學務局)의간섭을어더져우엉구어 노은조선불교 교무원(朝鮮佛敎敎務院)에도경남의삼대사찰인합천해인사 (陜川海印寺)양산통도사 (梁山通度寺)동래범어사(東萊梵魚寺)등세려사찰이참가치아니하야 모든일이되여나가지안는모양인데

교무원에

서탈퇴한통도사본말사 주지총회는 지나간섭달일에마산(馬山)에잇는그사찰포교당에서 열엇는대 석상에는본말사칠년 사십오명이 출석하엿고 경상남도도령에서는 학무과당(學務課長)이출석하야 교무원재단법인에 가입하기를 권〃하얏스나 출석한칠년 늘는 몃개승려의 야심으로싱긴 재단법인에는 참가할수업다고 만장일치로교무원 재단법인부인을 결의하고 당석에서결의문을 발표하얏는대 그취지의대략은 금년오월이십오일에 멋사람수지는 조선승려로 모힌

조선불교

대회를 무시하고 학무당국과 경관의립회아래에 재단법인을조직하엿다 그러나 그재단법인을 조직한교무원당국자가 인격이잇서 일을하야나갈여망이 잇스면 일반교도를부시한죄를 용서할수잇스나 그간부들은 십여년동안 사〃로운권리만쟁정하고 싀기질투와 옥락을일삼든자가 잇는지라 우리와 련대책임이잇는일을 우리의방령까지 금지하고 한것은인뎌할수입다는것이라더라

1922년 12월 25일
동아일보東亞日報(3면)

원문

通度寺가又脫退

당국간섭으로조직된교무원
통도사는재단법인참가거절

조선불교 삼십본산이 금년봄이래로 분규가계속하야 용이히일이되여 나가지아니하고 총독부학무국(學務局)의 간섭을어더겨우엉구어 노은 조선불교 교무원(朝鮮佛敎敎務院)에도경남의삼대사찰인합천해인사(陝川海印寺)양산통도사(梁山通度寺)동래범어사(東萊梵魚寺)등 여러사찰이 참가치 아니하야모든일이되여나가지안는모양인대 교무원에서탈퇴한통도사본말사 주지총회는 지나간 십팔일에 마산(馬山)에잇는 그 사찰 포교당에서 열엇는대 석상에는 본말사청년 사십오명이 출석하엿고 경상남도도텽에서는 학무과당(學部課長)이 출석하야 교무원재단법인에 가입하기를 권유하얏스나 출석한청년들은 몃개 승려의 야심으로 싱긴 재단법인에는 참가할수업다고 만장일치로교무원 재단법인부인을 결의하고 당석에서결의문을 발표하얏는대 그취지의 대략은 금년오월이십오일에 명사람주지는 조선승려로 모힌 조선 불교 대회를 무시하고 학무당국과 경관의 립회아래에 재단법인을조직하엿다 그러나 그재단법인을 조직한교무원 당국자가 인격이잇서 일을하야 나갈여망이 잇스면 일반교도를 무시한죄를 용서할수잇스나 그간부들은 십여년동안 사〃로운 권리만 경쟁하고 시긔질투와 음란을일삼든자가 잇는지라 우리와 련대칙임이잇는일을 우리의 방텽까지 금지하고 한것은인뎡할수업다는 것이라더라

해석

통도사가 또 탈퇴

당국 간섭으로 조직된 교무원에 통도사는 재단법인 참가를 거절

조선불교 30본산이 금년 봄부터 분규가 계속되어 해야 할 일을 하지 못하고 있다.
총독부 학무국(學務局)의 관리 하에 만들어진 조선불교교무원(朝鮮佛敎敎務院)에 경남의 3대사찰인 합천 해인사(海印寺), 양산 통도사(通度寺), 동래범어사(梵魚寺) 등 여러 사찰들이 참가하지 않아서 모든 일의 진행이 되지 않고 있다. 교무원에서 탈퇴한 통도사와 말사 주지총회는 지난 18일에 마산(馬山)에 있는 포교당에서 열렸다. 회의에는 본사와 말사의 청년 40-50여명이 출석하였다. 경상남도 도청에서는 학무과장(學部課長)이 출석해서 교무원 재단법인에 가입하기를 권유하였지만, 출석한 청년들은 몇몇 개인 승려의 야심으로 생긴 재단법인에는 참가할 수 없다고 만장일치로 교무원 재단법인을 부인하기로 결의하고 결의문을 발표하였다. 그 취지를 요약해 보면 올해 5월 25일에 몇 명의 주지들은 조선 승려로 모인 조선불교대회를 무시하고, 학무당국과 경찰이 입회한 자리에서 재단법인을 조직하였다. 그러나 그 재단법인을 조직한 교무원 당국자들이 인격이 있어서 일을 해 나갈 희망이 있으면 일반교도를 무시한 죄를 용서할 수 있으나 그 간부들은 10여년 동안 사사로운 권리와 이익을 위해 싸우고 시기 질투와 음란을 일삼은 자가 있다. 우리와 연대 책임이 있는 일을 우리의 방청까지 금지한 것은 인정할 수 없다는 것이다.

1923년 2월 3일

동아일보東亞日報(4면)

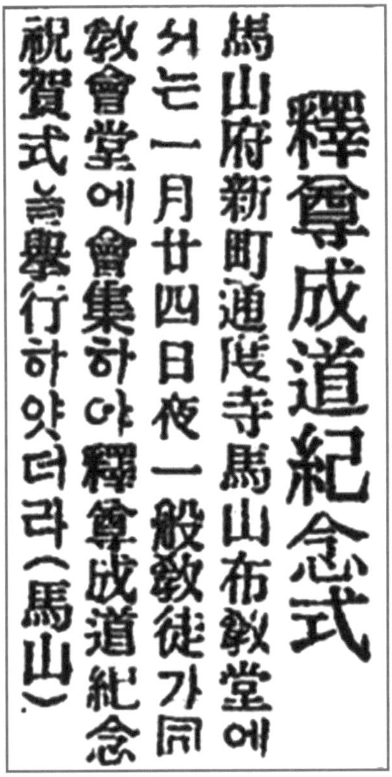
釋尊成道紀念式

馬山府新町通度寺馬山布敎堂에
서는一月廿四日夜一般敎徒가同
敎會堂에會集하야釋尊成道紀念
祝賀式을擧行하얏더라(馬山)

원문

釋尊成道紀念式

馬山府新町通度寺馬山布敎堂에서는一月廿四日夜一般敎徒가同敎會堂에會集하야釋尊成道紀念祝賀式을擧行하얏더라 (馬山)

해석

석존성도 기념식

마산부 신정(新町) 통도사 마산포교당에서는 1월 24일 밤에 일반 신도들이 본 교회당에 함께 모여 석존 성도일 기념 축하식을 거행하였다. (마산)

1923년 3월 24일
동아일보東亞日報(4면)

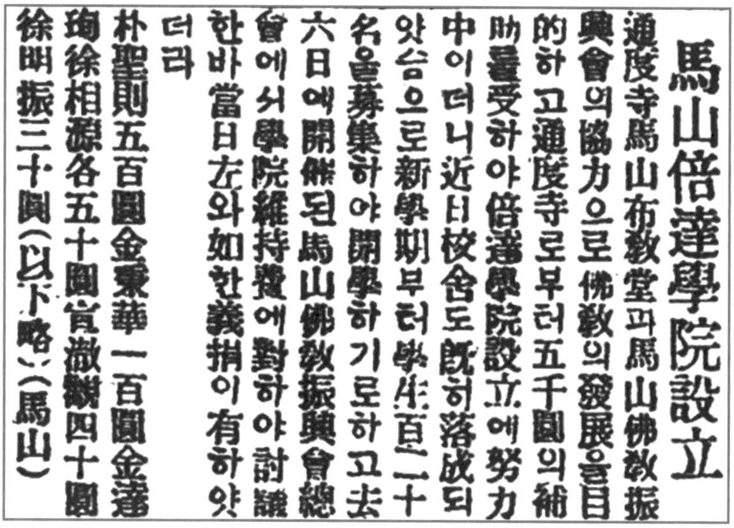
馬山倍達學院設立

通度寺馬山布教堂과馬山佛教振興會의協力으로佛教의發展을目的하고通度寺로부터五千圓의補助를受하야倍達學院設立에努力中이더니近日校舍도旣히落成되얏슴으로新學期부터學生百二十名을募集하야開學하기로하고去六日에開催된馬山佛教振興會總會에서學院維持費에對하야討議한바當日左와如한義捐이有하얏더라

朴聖則五百圓金秉華一百圓金達珣徐相源各五十圓宣澈觀四十圓徐明振三十圓(以下略)(馬山)

원문

馬山倍達學院設立

通度寺馬山布教堂과馬山佛教振興會의協力으로佛教의發展을目的하고通度寺로부터五千圓의補助를受하야倍達學院設立에努力中이더니近日校舍도旣히落成되얏슴으로新學期부터學生百二十名을募集하야開學하기로하고去六日에開催된馬山佛教振興會總會에서學院維持費에對하야討議한바當日左와如한義捐이有하얏더라

朴聖則五百圓金秉華一百圓金達珣徐相源各五十圓宣澈觀四十圓徐明振三十圓 (以下 略)(馬山)

해석

마산배달학원 설립

통도사 마산포교당과 마산불교진흥회의 협력으로 불교의 발전을 목적으로 통도사로부터 5천원의 보조를 받아서 배달학원 설립을 위해 노력하였다. 요사이 교사(校舍)도 이미 낙성(落成)하여 새 학기부터 학생 120명을 모집해서 개학하기로 하였다. 지난 6일 개최된 마산불교진흥회 총회에서 학원 유지비용에 대하여 토론하였다. 참석한 인원은 다음과 같다.

박성직 500원, 김병화 100원, 김달순과 서상원 각 50원, 선철관 40원, 서명진 30원. (이하 생략) (마산)

1923년 5월 28일

동아일보東亞日報(4면)

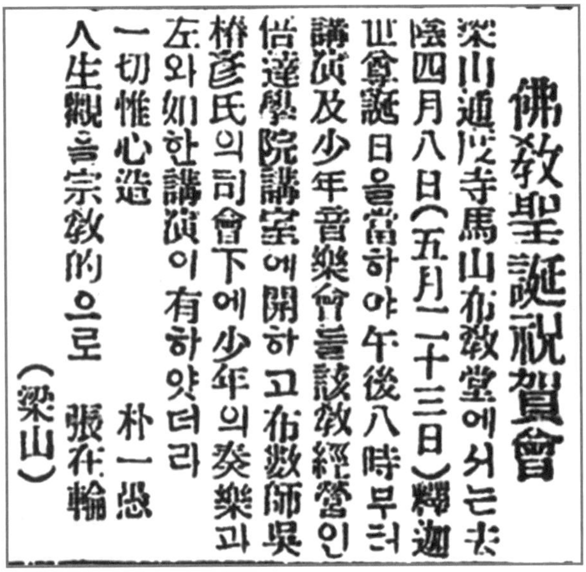

佛敎聖誕祝賀會
梁山通度寺馬山布敎堂에서는去
陰四月八日(五月二十三日)釋迦
世尊誕日을當하야午後八時부터
講演及少年音樂會를該敎經營인
倍達學院講室에開하고布數師吳
椿彦氏의司會下에少年의奏樂과
左와如한講演이有하얏더라
一切惟心造　朴一愚
人生觀을宗敎的으로　張在輪
(梁山)

원문

佛敎聖誕祝賀會

梁山通度寺馬山布敎堂에서는去陰四月八日(五月二十三日)釋迦世尊誕日을當하야午後八時부터講演及少年音樂會를該敎經營인倍達學院講室에開하고布數師[1]吳椿彦氏의司會下에少年의奏樂과左와如한講演이有하얏더라

一切唯心造　朴一愚
人生觀을 宗敎的으로　張在輪
(梁山)

해석

불교성탄 축하회

양산 통도사 마산포교당에서는 지난 음력 4월 8일(5월 23일) 석가세존 탄생일을 맞이해서 오후 8시부터 강연과 소년음악회를 포교당에서 경영하는 배달학원 강의실에 열었다. 포교사 오춘언(吳椿彦)씨의 사회로 소년들의 음악 연주와 아래와 같은 강연이 있었다.

일체유심조(一切唯心造) – 박일우
인생관을 종교적으로 – 장재륜 (梁山)

1 布數師는 布敎師의 誤記로 보인다.

1923년 5월 29일
동아일보東亞日報(3면)

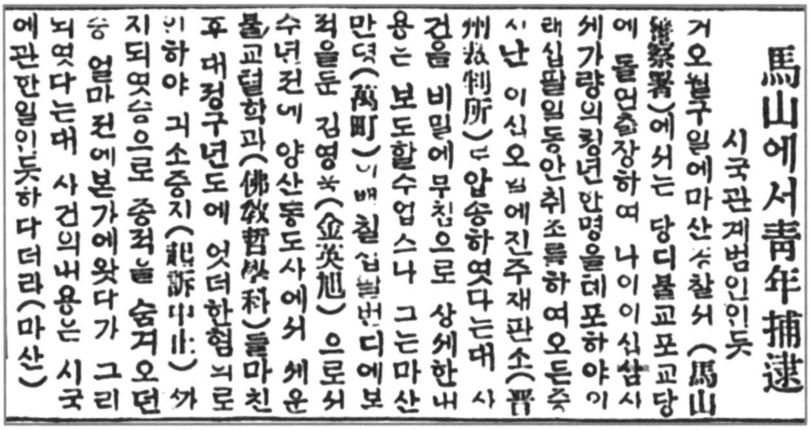
馬山에서靑年捕逮

시국관계범인인듯

거오월구일에마산경찰서(馬山警察署)에서는 당디불교포교당에 돌연출장하여 나이이십삼사세가량의청년한명을톄포하야이래십팔일동안취조를하여오든중 지난 이십오일에진주재판소(晋州裁判所)로압송하엿다는대 사건을 비밀에부침으로 상세한내용은 보도할수업스나 그는마산만뎡(萬町)이백칠십팔번디에본적을둔 김영욱(金英旭)으로서 수년전에 양산통도사에서 세운 불교텰학과(佛敎哲學科)를마친후 대정구년도에 엇더한혐의로 인하야 긔소중지(起訴中止)까지되엿슴으로 종적을숨겨오던중 얼마전에본가에왓다가 그리되엿다는대 사건의내용은 시국에관한일인듯하다더라(마산)

원문

馬山에서靑年捕逮

시국관계범인인듯

거오월구일에 마산경찰서(馬山警察署)에서는 당디불교포교당에 돌연출장하여 나이이십삼사세가량의청년한명을톄포하야이래십팔일동안취조를하여오든중 지난 이십오일에 진주재판소(晋州裁判所)로압송하엿다는대 사건을 비밀에부침으로 상세한내용은 보도할수업스나 그는마산만뎡(萬町) 이백칠십팔번디에 본적을둔 김영욱(金英旭)으로서 수년전에 양산통도사에서 세운 불교텰학과(佛敎哲學科)를 마친후 대정구년도에 엇더한혐의로 인하야 긔소중지(起訴中止)까지되엿슴으로 종적을 숨겨오던 중 얼마전에본가에 왓다가 그리되엿다는대 사건의내용은 시국에 관한 일인듯하다더라(마산)

해석

마산에서 청년 체포

시국 관계 범인인 듯

지난 5월 9일에 마산경찰서(馬山警察署)에서 불교포교당에 갑자기 출동하여 나이 23~24세 정도의 청년을 체포하였다. 18일 동안 조사를 하던 중 지난 25일 진주재판소(晋州裁判所)로 압송하였다. 사건을 비밀에 부쳐서 상세한 내용은 보도할 수 없지만, 그는 마산 만정(萬町) 278번지에 본적을 둔 김영욱(金英旭)이다. 그는 수 년 전에 양산통도사에서 세운 불교철학과(佛敎哲學科)를 졸업하였다. 대정 9년에 어떤 혐의로 인해 기소중지(起訴中止)되어 종적을 숨겨오던 중 얼마 전에 본가에 왔다가 잡히게 되었다. 사건의 내용은 시국에 관한 일인 듯하다. (마산)

1923년 7월 13일

동아일보東亞日報(4면)

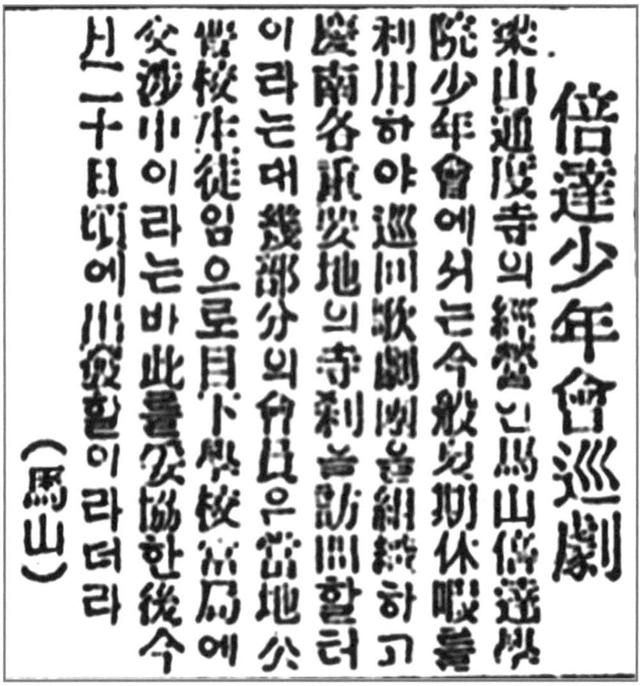

倍達少年會巡劇

梁山通度寺의經營인馬山倍達學院少年會에서는今般夏期休暇를利用하야巡回歌劇團을組織하고慶南各重要地의寺刹을訪問할터이라는대幾部分의會員은當地公普校生徒임으로目下學校當局에交涉中이라는바此를妥協한後今月二十日頃에出發할이라더라 (馬山)

원문

倍達少年會巡劇

梁山通度寺의經營인馬山倍達學院少年會에서는今般夏期休暇를利用하야巡回歌劇團을組織하고慶南各重要地의寺刹을訪問할터이라는대幾部分의會員은當地公普校生徒임으로目下學校當局에交涉中이라는바此를妥協한後今月二十日頃에出發할이라더라 (馬山)

해석

배달소년회 순극

양산 통도사에서 경영하는 마산 배달학원 소년회에서 이번 여름 휴가를 이용해서 순회 가극단을 조직하여 경남 각종 요지의 사찰을 방문한다고 한다. 몇 명의 회원은 그곳의 보통학교 학생들이므로 바로 학교 당국과 교섭 중이다. 이 일을 타협한 후에 7월 20일경에 출발한다고 한다. (馬山)

어린이引導는 엇지하면조흘가

이즁대한문데를의론코자각도유지의모임

어린어를위하야 애를쓰고 걱정을하고 심형을쏫는이들이 모도혀조선의 어린이의 압길을지도할최선의 방침을세우고자 별향과가치 십삼도각처의 대표자가 모여서 재작이십삼일 하오세시부터 시내경운동 텬도교당에서『소년지도자대회』를개최하고뎡병긔(丁炳基)씨의사회하에리돈화(李敦化)씨와방뎡환(方定煥)씨의소년문데에대한간담이잇슨後밤열한시까지 토의를 하얏는데이회는 압흐로 일주일동안을 충분히 토의한후 원만한방침을엇은후 무슨결의가 잇스리라하며 각디방의참가단데는 아래와갓다더라

◇參加團體◇

▲唐津少年會▲大田少年會▲坡州少年會▲利川養眞女學校▲仁川少年團▲晋州天道教少年會▲統營天道教少年會▲宣川少年軍▲馬山佛教少年會▲鐵原少年會▲白川少年會▲安州少年會▲平山文化少年會▲城津有志▲平壤天道教少年會▲伊川幼稚院▲鎭津少年會▲安城有志▲北靑有志▲京城有志

원문

어린이引導는 엇지하면 조흘가

이즁대한문데를의론코자각도유지의모임

어린이를위하야 애를쓰고 걱정을하고 심형을 쏫는이들이 모도혀조선의 어린이의 압길을지도할최선의 방침을세우고자 별향과가치 십삼도각처의 대표자가 모여서 재작이십삼일 하오세시부터 시대경운동 텬도교당에서『소년지도자대회』를개최하고뎡병긔(丁炳基)씨의사회하에

해석

어린이 인도는 어찌하면 좋을까?

이 중대한 문제를 의논하기 위해 각 도의 유지들이 모였다.

어린이를 위해 애를 쓰고, 걱정을 하고, 마음을 쓰는 이들이 모였다. 조선의 어린이의 앞길을 지도하고 인도할 최선의 방침을 세우고, 특별한 방향과 가치를 위해 13도 대표자가 모였다. 23일 오후 3시부터 시내 경운동 천도교 교당에서『소년지도자대회』를 개최하였다. 정병기(丁炳基)씨의

리돈화(李敦化)씨와방뎡환(方定煥)씨의소년문뎨에 대한간담이잇슨후밤열한시까지토의를하얏는대이회는압흐로 일주일동안을 충분히 토의한 후 원만한방침을엇은후 무슨결의가 잇스리라하며 각디방의참가단톄는 아래와갓다더라

◇ 參與團體

▲唐津少年會▲大田少年會▲坡州少年會▲利川養貞女學校▲仁川少年團▲晋州天道敎少年會▲統當營天道敎少年會▲宣川少年軍▲馬山佛敎少年會▲鐵原少年會▲白川少年會▲安州少年會▲平山文化少年會▲城津有志▲平壤天道敎少年會▲伊川幼稚院▲瓮津少年會▲安城有志▲北靑有志 ▲京城有志

사회로 이돈화(李敦化)씨와 방정환(方定煥)씨의 소년 문제에 대한 간담회를 마친 후, 그날 밤 11시까지 토론을 하였다. 이 회의는 앞으로 일주일 동안 충분히 토론한 후, 원만한 방침을 얻거나 어떤 결의가 있을 것이다.
각 지방의 참가한 단체는 아래와 같다.

◇ 참여 단체

당진소년회, 대전소년회, 파주소년회, 이천양정여학교, 인천소년단, 진주천도교소년회, 통영천도교소년회, 선천소년군, 마산불교소년회, 철원소년회, 백천소년회, 안주소년회, 평산문화소년회, 성진유지, 평양천도교소년회, 이천유치원, 옹진소년회, 안성유지, 북청유지, 경성유지

1923년 7월 30일

동아일보東亞日報(4면)

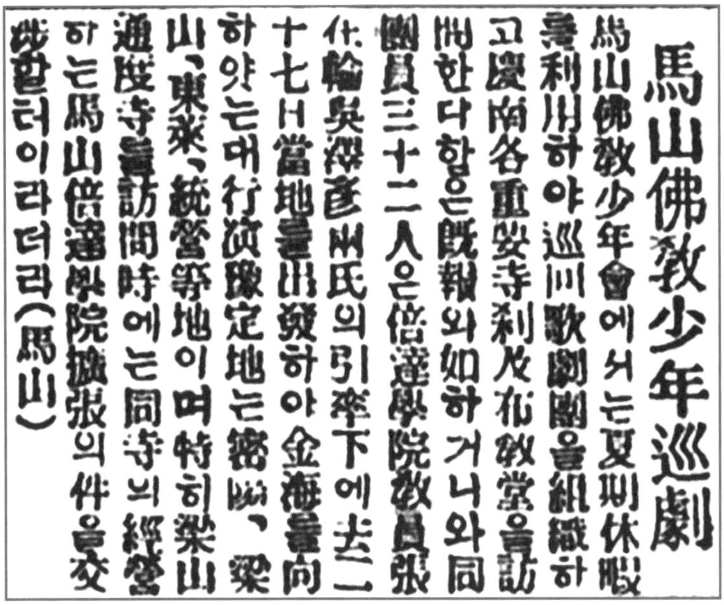

馬山佛敎少年巡劇

馬山佛敎少年會에서는夏期休暇를利用하야巡回歌劇團을組織하고慶南各重要寺刹及布敎堂을訪問한다함은旣報와如하거니와同團員三十二人은倍達學院敎員張在輪吳澤彦兩氏의引率下에去二十七日當地를出發하야金海를向하얏는대行演豫定地는密陽、梁山、東萊、統營等地이며特히梁山通度寺를訪問時에는同寺의經營하는馬山倍達學院擴張의件을交涉할터이라더라(馬山)

원문

馬山佛敎少年巡劇

馬山佛敎少年會에서는夏期休暇를利用하야巡回歌劇團을組織하고慶南各重要寺刹及布敎堂을訪問한다함은旣報와如하거니와同團員三十二人은倍達學院敎員張在輪吳澤彦兩氏의引率下에去二十七日當地를出發하야金海를向하얏는대行演豫定地는密陽,梁山,東萊,統營等地이며特히梁山通度寺를訪問時에는同寺의經營하는 馬山倍達學院擴張의件을交涉할터이라더라 (馬山)

해석

마산 불교 소년 순극

마산불교소년회에서는 여름 휴가를 이용해서 순회가극단을 조직하고 경남의 중요한 사찰과 포교당을 방문한다는 것은 이미 보도한 것과 같다. 순회 가극단원 32명은 배달학원 교원 장재륜, 오택언 두 분의 인솔 하에 지난 27일 배달학원에서 출발하여 김해로 갔다. 공연 행사 예정지는 밀양, 양산, 동래, 통영 등이다. 특히 양산 통도사를 방문할 때에는 마산 배달학원의 마당을 넓히는 일을 교섭한다고 한다. (마산)

少年團歌劇會의日割

馬山佛敎少年團에서는今夏期를利用하야該會趣旨와布敎할目的으로童話歌劇會와巡廻團을組織하고七月二十七日馬山을出發하야慶南各地에巡回한다는대日割은如左하다니라

七月二十七日進永
同二十八日密陽
同二十九日金海
同三十日草梁
同三十一日東萊
八月一日梵魚寺
同二日通度寺
同三日新坪
同五日統營
同六日晉州

(馬山)

1923년 7월 31일
조선일보朝鮮日報(4면)

원문

少年團歌劇會의 日割

馬山佛教少年團에서는今夏期를利用하야該會趣旨와布教할目的으로童話歌劇會와運動템을組織하고七月二十七日馬山을出發하야慶南各地에巡回한다는데日割은如左하다더라

七月二十七日進永
同二十八日密陽
同二十九日金海
同三十日草梁
同三十一日東萊
八月一日梵魚寺
同二日通度寺
同三日新坪
同五日統營
同六日晋州
(馬山)

해석

소년단 가극회의 일할

마산불교소년단에서는 이번 여름휴가를 이용해서 소년회의 취지와 같이 포교할 목적으로 동화가극회와 운동팀을 조직하고 7월 27일 마산을 출발해서 경남 각지에 순회하는 계획은 아래와 같다.

7월 27일 진영
28일 밀양
29일 김해
30일 초량
31일 동래
8월 1일 범어사
2일 통도사
3일 신평
5일 통영
6일 진주 (마산)

佛敎靑年創立會

馬山佛敎靑年有志張在輪、吳澤彦尙相穆、李龍喆外數氏는馬山佛敎外에靑年團體가無함을痛嘆히思하던바一個月前부터佛敎靑年會를組織하야具體的으로去四日午後八時에佛敎靑年創立會를馬山倍達學院에서開催한바出席會員이三四十名名에達하얏는데臨時議長張在輪의趣旨說明이잇슨後規則通過任員選擧及事業方針을討議하고同十時에閉會하얏는데被選된任員의氏名如左하더라

庶務部幹事張在輪、黃龍奎、理財部幹事吳澤彦、鄭珉洪、佈敎部幹事黃立森、崔永淡、文藝部幹事李龍喆、李普汗、體育部幹事高相穆朴瀅琮

(馬山)

1923년 10월 10일
조선일보朝鮮日報(4면)

원문

佛教青年創立會

馬山佛教青年有志張在輪, 吳澤彦, 高相穆, 李龍喆外數氏는馬山佛教界에青年團體가無함을痛嘆히思하던바一個月前부터佛教青年會를組織하야具體的으로去四日午後八時에佛教青年創立會를馬山倍達學院에셔開催한바出席會員이三四十名名에達하얏는딕臨時議長張在輪의趣旨說明이잇슨後規則通過任員選擧及事業方針을討議하고同十時에閉會하얏는딕被選된任員의氏名如左하더라

庶務部幹事張在輪,黃龍奎,理財部幹事吳澤彦,鄭珉洪,佈教部幹事黃玄菴,崔永漢,文藝部幹事李龍喆,李青汗,體育部幹事高相穆,朴瀅壽 (馬山)

해석

불교청년창립회

마산불교청년인 유지 장재륜, 오택언, 고상목, 이용철 외 여러 명이 마산불교계에 청년단체가 없는 것을 애통하게 생각하였다. 1개월 전부터 불교청년회를 조직하고 구체적으로는 지난 4일 오후 8시에 불교청년창립회를 마산배달학원에서 개최하였다. 출석한 회원이 30-40명인데, 임시의장인 장재륜씨의 취지에 대한 설명이 있었다. 규칙을 통과시키고 임원들의 선거와 사업방침을 토론하고 10시에 폐회하였다. 선출된 임원들은 다음과 같다.

서무부간사 장재륜·황룡규, 이재부간사 오택언·정민홍, 포교부간사 황현암·최영한, 문예부간사 이용철·이청한, 체육부간사 고상목·박형수 (마산)

生還한同胞慰勞會

馬山俱樂部發起로

世界的大變이라할만한關東震災로地獄化한東京에서飢餓를堪키며危境에陷하얏다가死地를脫出하야無事生還한在馬山留學生及勞働者를慰勞코저하야馬山俱樂部發起로去八日下午四時부터新町佈達學院敎場內에서慰勞會를開催하고主客三十餘名이會合하야李灐宰氏의趣旨說明과金英根氏의答辭가有한後同六時에散會하얏더라(馬山)

1923년 10월 10일
조선일보朝鮮日報(4면)

원문

生還혼同胞慰勞會

馬山俱樂部發起로

世界的大變이라할만한關東震災로地獄化한東京에셔飢餓를堪하며危境에陷하얏다가死地를脫出하야無事生還한在馬山留學生及勞働者를慰勞코져하야馬山俱樂部發起로去六日下午四時부터新町倍達學院教室內에서慰勞會를開催하고主客三十餘名이會合하야李瀅宰氏의趣旨說明과金英根氏의答辭가有한後同六時에散會하얏더라(馬山)

해석

생환한 동포 위로회

마산구락부의 발기로

세계적 사건인 관동대지진의 재앙 때문에 지옥으로 변한 동경에서 굶주림을 참으며 위기에 빠졌다가 사지에서 탈출하여 무사히 생환한 마산 유학생과 노동자들을 위로하고자 마산구락부의 발기로 지난 6일 오후 4시부터 신정(新町) 배달학원 교실에서 위로회를 개최하였다. 유학생과 노동자 및 구락부 사람들 30여명이 회합하여 이형재씨의 취지에 대한 설명과 김영근씨가 답사를 한 후 6시에 산회하였다. (마산)

佛敎靑年創立會

梁山通度寺馬山佈敎堂에서는數月前부터佈敎師黃玄菴張在輪吳澤彦諸氏의發起로佛敎靑年會를組織키爲하야準備中이더니去三日午後三時에는多數의靑年이同敎經營인倍達學院內에會合하야創立總會를開하고張在輪氏司會下에모든會員資格審査가有한後規則을通過하고時間의關係로延期하야翌日午後八時부터同所에서會를繼續하야任員을選擧하고新事件에入하야는每週土曜日에討論會를開하기로한後同十一時閉會하얏는대被選幹部의氏名은如左하더라

庶務部張在輪黃龍奎理財部吳澤彦鄭琨洪佈敎部黃玄菴崔永漢文藝部李龍喆金靑汗體育部高相穆朴瀅彝(馬山)

1923년 10월 14일
동아일보東亞日報(4면)

원문

佛敎靑年創立會

梁山通度寺馬山佈敎堂에서는數月前부터佈敎師黃玄菴張在輪吳澤彦諸氏의發起로佛發靑年會를[1]組織키爲하야準備中이더니去三日午後三時에는多數의靑年이同敎經營인倍達學院內會合하야創立總會를開하고張在輪氏司會下에몬저會員資格審査가有한後規則을通過하고時間의關係로延期하야翌日午後八時부터同所에서會를繼續하야任員을選擧하고新事件에入하야는每週土曜日에討論會를開하기로한後同十一時閉會하얏는대被選幹部의氏名은如左하더라

庶務部張在輪黃龍奎理財部吳澤彦鄭珉洪佈敎部黃玄菴崔永漢文藝部李龍喆金靑汗體育部高相穆朴瀅壽 (馬山)

해석

불교청년창립회

양산 통도사 마산포교당에서 몇 달 전부터 포교사 황현암, 장재륜, 오택언 등의 발기로 불교청년회를 조직하기 위하여 준비를 하였다. 지난 3일 오후 3시에 여러 명의 청년이 통도사가 경영하는 배달학원에 모여서 창립총회를 열었다. 장재륜씨의 사회로 먼저 회원 자격심사를 한 후에 규칙을 통과시켰다. 시간 관계 상 연기하여 다음날 오후 8시부터 회의를 계속해서 임원을 선거로 뽑았다. 새로운 사업 건에 대해서는 매주 토요일에 토론회를 열기로 하고 11시에 폐회하였다. 피선된 간부들은 다음과 같다.

서무부 장재륜·황용규, 이재부 오택언·정민홍, 포교부 황현암·최영한, 문예부 이용철·김청한, 체육부 고상목·박형수 (마산)

1 佛敎靑年會의 誤記이다.

1923년 12월 2일

조선일보朝鮮日報(4면)

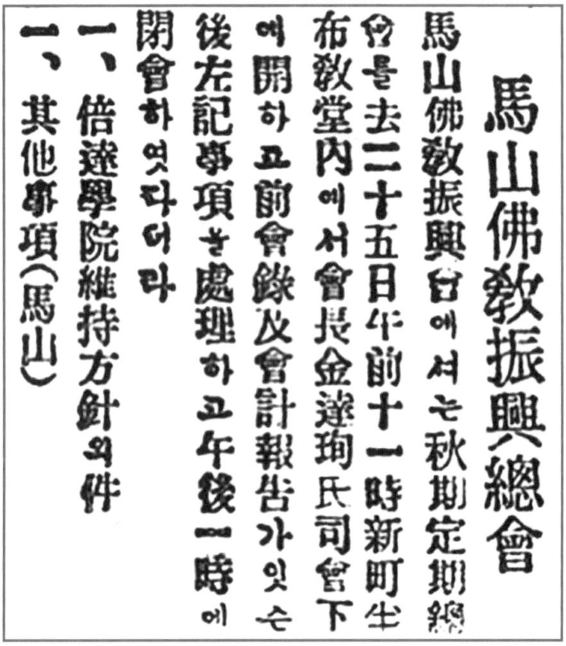

馬山佛敎振興總會

馬山佛敎振興總에서는秋期定期總會를去二十五日午前十一時新町半布敎堂內에서會長金達珣氏司會下에開하고前會錄及會計報告가잇슨後左記事項을處理하고午後一時에閉會하엿다더라

一、倍達學院維持方針의件

一、其他事項(馬山)

원문

馬山佛敎振興總會

馬山佛敎振興總에셔는秋期定期總會를去二十五日午前十一時新町半布敎堂內에서會長金達珣氏司會下에開하고前會錄及會計報告가잇슨後左記事項을處理하고午後一時에閉會하엿다더라

一. 倍達學院維持方針의件

一. 其他事項 (馬山)

해석

마산불교진흥총회

마산불교진흥총에서는 가을 정기총회를 지난 25일 오전 11시 신정포교당에서 회장 김달순씨 사회로 열었다. 전의 회의록과 회계 보고를 한 후, 다음 사항을 처리하고 오후 1시에 폐회하였다.

1. 배달학원 유지 방침의 건
2. 기타 사항 (마산)

1923년 12월 13일
동아일보東亞日報(3면)

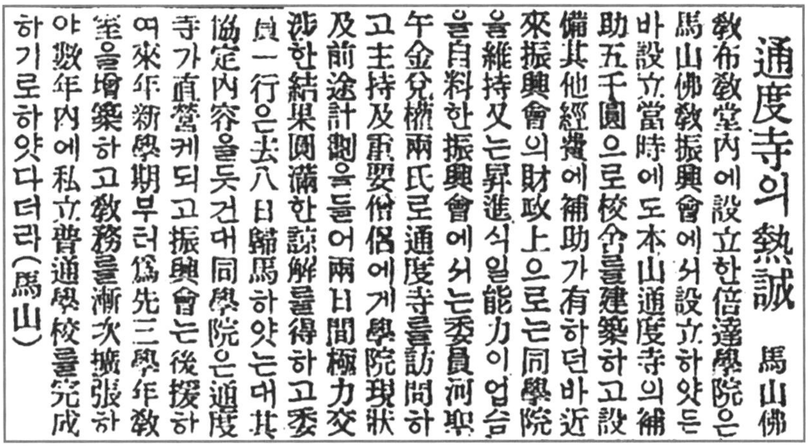
通度寺의熱誠 馬山佛敎布敎堂內에設立한倍達學院은馬山佛敎振興會에서設立하얏든바設立當時에도本山通度寺의補助五千圓으로校舍를建築하고設備其他經費에補助가有하던바近來振興會의財政上으로는同學院을維持又는昇進식일能力이업슴을自料한振興會에서는委員河聖午金兌權兩氏로通度寺를訪問하고主持及重要僧侶에게學院現狀及前途計劃을들어兩日間極力交涉한結果圓滿한諒解를得하고委員一行은去八日歸馬하얏는대其協定內容을듯건대同學院은通度寺가直營케되고振興會는後援하여來年新學期부터爲先三學年敎室을增築하고敎務를漸次擴張하야數年內에私立普通學校를完成하기로하얏다더라(馬山)

원문

通度寺의熱誠

馬山佛敎布敎堂內에設立한倍達學院은馬山佛敎振興會에서設立하얏든바設立當時에도本山通度寺의補助五千圓으로校舍를建築하고設備其他經費에補助가有하던바近來振興會의財政上으로는同學院을維持又는昇進식일能力이업슴을自料한振興會에서는委員河聖午金兌權兩氏로通度寺를訪問하고主持[1]及重要僧侶에게學院現狀及前途計劃을들어兩日間極力交涉한結果圓滿한諒解를得하고委員一行은去八日歸馬하얏는대其協定內容을듯건대同學院은通度寺가直營케되고振興會는後援하여來年新學期부터爲先三學年敎室을增築하고敎務를漸次擴張하야數年內에私立普通學校를完成하기로하얏다더라 (馬山)

1 住持의 誤記이다.

해석

통도사의 열성

마산불교포교당 내에 설립한 배달학원은 마산불교진흥회에서 설립하였다. 설립 당시에도 본사인 통도사의 보조 5천원으로 교사(校舍)를 짓고, 설비와 기타 운영비를 보조하였다. 근래 진흥회의 재정 상태로는 학원을 유지 또는 발전시킬 능력이 없음을 스스로 생각하였다. 진흥회 위원 하성오씨와 김태권씨가 통도사를 방문해서 주지와 요직의 승려들에게 학원의 현재 상황과 장래의 계획을 말하였다. 이틀간 적극적으로 회의한 결과는 원만한 양해를 얻고 위원 일행은 지난 8일 마산으로 돌아왔다. 그 협정한 내용을 들어보면 배달학원은 통도사가 직접 운영하고 진흥회는 후원하기로 하고 내년 신학기부터 우선 3학년 교실을 증축하고 교무(敎務)를 점차 확장해서 수년 내에 사립보통학교를 완성하기로 하였다. (마산)

1924년 1월 11일

동아일보東亞日報(3면)

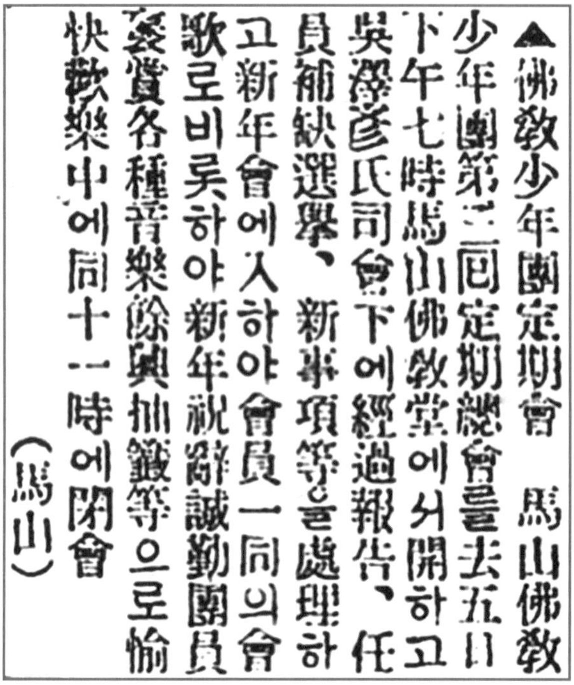

▲佛敎少年團定期會　馬山佛敎少年團第三回定期總會를去五日下午七時馬山佛敎堂에서開하고吳澤彦氏司會下에經過報告、任員補缺選擧、新事項等을處理하고新年會에入하야會員一同의會歌로비롯하야新年祝辭誠勤團員褒賞各種音樂餘興抽籤等으로愉快歡樂中에同十一時에閉會

(馬山)

원문

靑年其他集會

▲佛敎少年團定期會　馬山佛敎少年團第三回定期總會를去五日下午七時馬山佛敎堂에서開하고吳澤彦氏司會下에經過報告, 任員補缺選擧, 新事項等을處理하고新年會에入하야會員一同의會歌로비롯하야新年祝辭誠勤團員褒賞各種音樂餘興抽籤等으로愉快歡樂中에同十一時에閉會 (馬山)

해석

청년기타집회

불교소년단정기회, 마산불교소년단 제3회 정기총회를 지난 5일 오후 7시에 마산불교당에서 열었다. 오택언씨의 사회로 경과 보고, 임원 보결 선거, 새 사업 등을 처리하고 새해에 들어 회원 일동이 회가(會歌)를 불렀다. 신년축사, 열심히 근무한 단원들의 포상, 각종 음악, 여흥, 추첨 등으로 유쾌하게 즐기다가 11시에 폐회하였다. (마산)

1924년 1월 11일

조선일보朝鮮日報(4면)

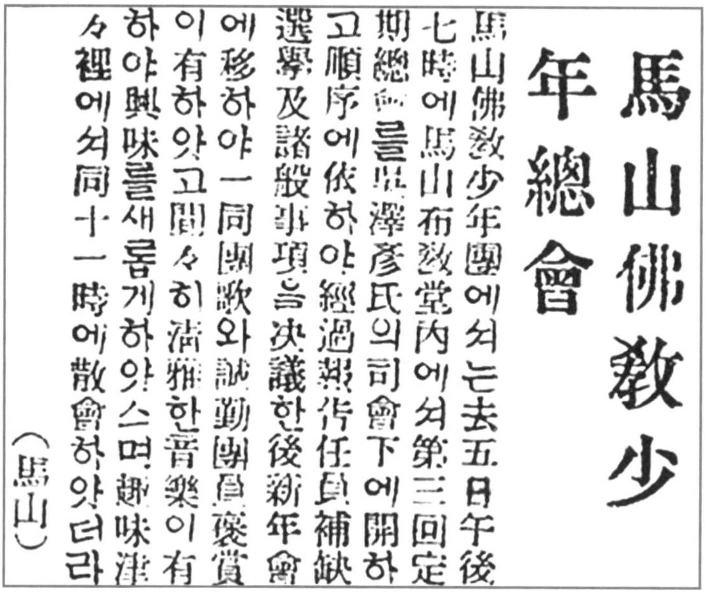

馬山佛教少年總會

馬山佛教少年團에셔는去五日午後七時에馬山布教堂內에셔第三回定期總會를吳澤彥氏의司會下에開하고順序에依하야經過報告任員補缺選擧及諸般事項을決議한後新年會에移하야一同團歌와誠勤團員褒賞이有하얏고間〻히淸雅한音樂이有하야興味를새롭게하얏스며趣味津〻裡에셔同十一時에散會하얏더라 (馬山)

원문

馬山佛教少年總會

馬山佛教少年團에셔는去五日午後七時에馬山布教堂內에셔第三回定期總會를吳澤彥氏의司會下에開하고順序에依하야經過報告任員補缺選擧及諸般事項을決議한後新年會에移하야一同團歌와誠勤團員褒賞이有하얏고間〃히淸雅한音樂이有하야興味를새롭게하얏스며趣味津〃裡에셔同十一時에散會하얏더라 (馬山)

해석

마산불교소년 총회

마산불교소년단에서는 지난 5일 오후 7시에 마산포교당에서 제3회 정기총회를 오택언씨의 사회로 열었다. 순서에 의해 경과 보고, 임원 보충 선거, 여러 사업 건을 결의한 후 신년회 장소로 옮겨서 모두 소년 단가(團歌)와 열심히 근무한 단원들의 포상을 하였다. 중간 중간 청아한 음악이 있어서 흥미를 새롭게 하였으며 푸짐하고 풍성 흥미에 빠져서 11시에 산회하였다. (마산)

1924년 1월 22일
동아일보東亞日報(3면)

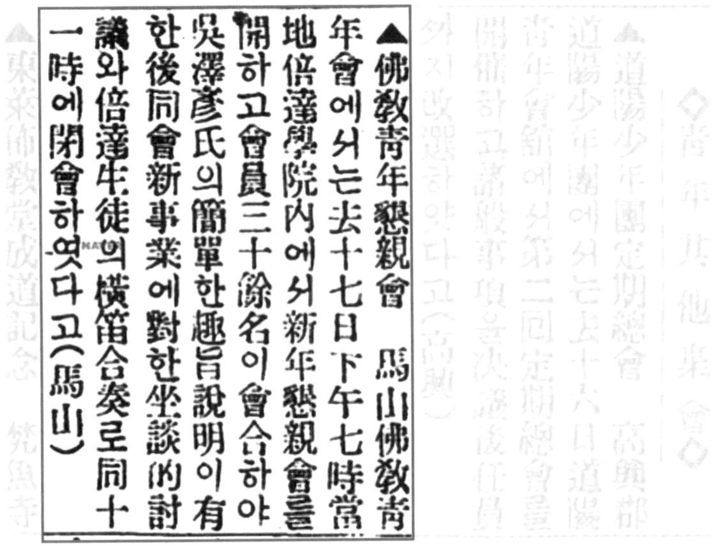
◇靑年其他集會◇

▲道陽少年團定期總會 高興郡道陽少年團에서는去十六日道陽靑年會館에서第二回定期總會를開催하고諸般事項을決議後任員까지改選하얏다고(高興)

▲佛敎靑年懇親會 馬山佛敎靑年會에서는去十七日下午七時當地倍達學院內에서新年懇親會를開하고會員三十餘名이會合하야吳澤彦氏의簡單한趣旨說明이有한後同會新事業에對한坐談的討議와倍達生徒의橫笛合奏로同十一時에閉會하엿다고(馬山)

▲東萊佛敎堂成道記念 梵魚寺

원문

靑年其他集會

佛敎靑年懇親會 馬山佛敎靑年會에서는去十七日下午七時當地倍達學院內에서新年懇親會를開하고會員三十餘名이會合하야吳澤彦氏의簡單한趣旨說明이有한後同會新事業에對한坐談的討議와倍達生徒의橫笛合奏로同十一時에閉會하엿다고(馬山)

해석

청년 기타 집회

불교청년간친회, 마산불교청년회에서는 지난 17일 오후 7시에 배달학원에서 신년 간친회(懇親會)를 열었는데 회원 30여명이 모였다. 오택언씨가 간단한 취지를 설명한 후, 본회의 새로운 사업에 대한 좌담과 토론, 배달생도의 피리합주의 공연을 듣고 11시에 폐회하였다. (마산)

1925년 4월 24일

시대일보(3면)

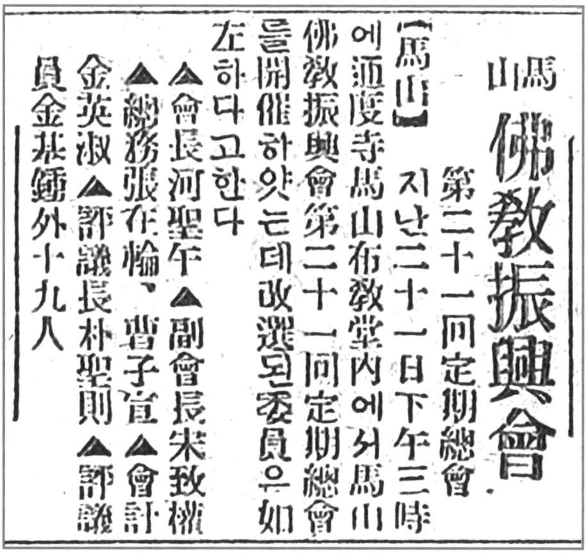
馬山 佛教振興會

第二十一回定期總會

【馬山】 지난二十一日下午三時에通度寺馬山布教堂內에서馬山佛教振興會第二十一回定期總會를開催하얏는데改選된委員은如左하다고한다

▲會長河聖午▲副會長宋致權▲總務張在輪、曹子宣▲會計金英淑▲評議長朴聖則▲評議員金基鍾外十九人

원문

馬山 佛教振興會

第二十一回定期總會

【馬山】 지난二十一日下午三時에通度寺馬山布教堂內에서馬山佛教振興會第二十一回定期總會를開催하얏는데改選된委員은如左하다고한다

▲會長河聖午▲副會長宋致權▲總務張在輪,曹子宣▲會計金英淑▲評議長朴聖則▲評議員金基鍾外十九人

해석

마산불교진흥회

제21회 정기총회

【마산】 지난 21일 오후 3시에 통도사 마산 포교당에서 마산불교진흥회의 제21회 정기총회를 개최하여 임원을 새로 뽑았다. 새로 선출된 임원은 다음과 같다.

회장 하성오, 부회장 송치권, 총무 장재륜·조자선, 회계 김영숙, 평의장 박성직, 평의원 김기종 외 19인.

馬山佛敎總會

馬山佛敎振興會에서는去二十一日下午二時부터通度寺馬山佛敎堂內에서第二十二回總會를會長河聖午氏司會下에開하고佛敎狀況及財務整理에關한報告가有한後會自體의基盤을鞏固히하고信者의生活을向上키爲하야貯蓄組合을設立할것과其他諸般事項의決議가잇섯다하며任員을改選한結果會長河聖午氏는留任되고副會長宋致權總務曹子宜張在輪會計金英淑評議長朴聖則評議員金兌權外十九人이被選되엿다는데昨年度新入會員數七十一人이오新舊會員都合五百八十九名에達한다고 (馬山)

1925년 4월 26일
동아일보東亞日報(5면)

원문

馬山佛教總會

馬山佛教振興會에서는去二十一日下午二時부터通度寺馬山佈教堂內에서第二十二回總會를會長河聖午氏司會下에開하고佈教狀況及財務整理에關한報告가有한後會自體의基盤을鞏固히하고信者의生活을向上키爲하야貯蓄組合을設立할것과其他諸般事項의決議가잇섯다하며任員을改選한結果會長河聖午氏는留任되고副會長宋致權總務曹子宣張在輪會計金英淑評議長朴聖則評議員金兌權外十九人이被選되엿다는데昨年度新入會員數七十一人이오新舊會員都合五百八十九名에達한다고 (馬山)

해석

마산불교총회

마산불교진흥회는 지난 21일 오후 2시부터 통도사 마산포교당에서 제22회 총회를 회장 하성오씨의 사회로 열고, 포교 상황과 재무 정리에 관한 보고가 있었다. 회의 자체의 기반을 공고히 하고 신자의 생활을 향상시키기 위해 저축조합을 설립할 것과 기타 여러 사항을 결의하였다. 임원을 선출한 결과 회장 하성오씨는 유임되고, 부회장 송치권, 총무 조자선·장재륜, 회계 김영숙, 평의장 박성직, 평의원 김태권 외 19인이 선임되었다. 작년도 신입회원은 71인이다. 신구 회원을 합하면 589명이다. (馬山)

◇**馬山各團體** 오월일일「어린이날」과「메이데이」를긔념선뎐하기위하야 마산(馬山)각소년단톄대표자와 공사립학교교원제씨가 지난이십사일오후네시신뎡 배달학원(倍達學院)에 모여여러가지 방식을토의한결과다음과갓치 결뎡하고동일꼽시에산회하얏다더라(마산)

一、旗行列 오후한시에 각소년단톄와 각남녀학생일동이구락부운동장에 집합하야군악대를선두로 시내에셰라선뎐행렬을할것

一、紀念式과野遊會 오후네시에 마산보교공원(普校公園)에서긔념식을 거행하고고부풍선을날리며 화초경쟁을할것

一、童話、講演 동오후여덜시에구락부회관에서 동화와강연회를열것

◇準備委員 女龍澤、朴魯台、黃守龍、李奉守、李燮龍、 李瀅鍾河受源、金周奉、張在輪、 金琪鎬、李瀅宰

1925년 4월 28일
동아일보東亞日報(2면)

원문

메이데이와 어린이날

◇馬山各團體 오월일일 「어린이날」과 「메이데이」를긔념선뎐하기위하야 마산(馬山)각소년단톄대표자와 공사립학 교교원제씨가 지난이십사일오후네시신뎡 배달학원(倍達學院)에 모여 여러가지 방식을 토의한 결과 다음과 갓치 결뎡하고 동일곱시에 산회하얏다더라(마산)

一. 旗行列 오후한시에 각소년단톄와 각남녀학생일동이 구락부운동장에집합하야 군악대를선두로 시내에쎄라선전행렬을할것
一. 紀念式과野遊會 오후네시에 마산보교공원(普校公園)에서긔념식을 거행하고고무풍선을 날리며 화초경쟁을할것
一. 童話,講演 동오후여덜시에구락부회관에서 동화와강연회를열것

◇準備委員 玄龍澤, 朴魯台, 黃守龍, 李奉守, 李雙龍, 李澤鍾, 河受源, 金周奉, 張在輪, 金琪鎬, 李瀅宰

해석

메이데이와 어린이날

마산 각 단체들은 5월 1일 「어린이날」과 「메이데이」를 기념 선전을 하기 위해 마산 각 소년단체 대표자와 공립과 사립학교 교원들과 지난 24일 오후 4시에 신정 배달학원(倍達學院)에 모여서 여러 가지 방식을 논의한 결과 다음과 같이 결정하고 동 7시에 헤어졌다. (마산)

1. 기(旗) 행렬 오후 1시에 각 소년단체와 각 남녀 학생들이 구락부 운동장에 집합하여 군악대를 선두로 시내에서 삐라 선전 행렬을 할 것.
2. 기념식과 야유회 오후 4시에 마산 보교공원(普校公園)에서 기념식을 거행하고 고무풍선을 날리며 화초 경쟁을 할 것.
3. 동화, 강연 오후 8시에 구락부 회관에서 동화와 강연회를 열 것.

◇ 준비위원 현룡택, 박노태, 황수룡, 이봉수, 이쌍룡, 이택종, 하수원, 김주봉, 장재륜, 김기호, 이형재

1925년 6월 13일

동아일보東亞日報(3면)

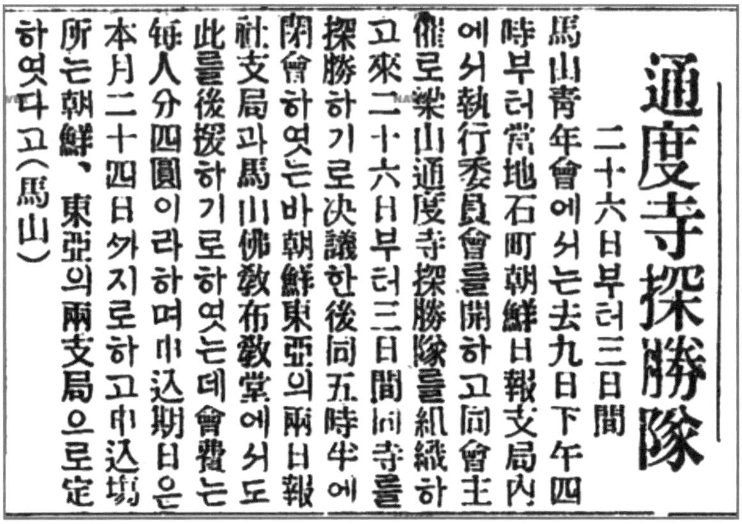

通度寺探勝隊

二十六日부터三日間

馬山青年會에서는去九日下午四時부터當地石町朝鮮日報支局內에서執行委員會를開하고同會主催로梁山通度寺探勝隊를組織하고來二十六日부터三日間同寺를探勝하기로決議한後同五時半에閉會하엿는바朝鮮東亞의兩日報社支局과馬山佛教布教堂에서도此를後援하기로하엿는데會費는每人分四圓이라하며申込期日은本月二十四日까지로하고申込塲所는朝鮮、東亞의兩支局으로定하엿다고(馬山)

원문

通度寺探勝隊

二十六日부터 三日間

馬山青年會에서는去九日下午四時부터當地石町朝鮮日報支局內에서執行委員會를開하고同會主催로梁山通度寺探勝隊를組織하고來二十六日부터三日間同寺를探勝하기로決議한後同五時半에閉會하엿는바朝鮮東亞의兩日報社支局과馬山佛教布教堂에서도此를後援하기로하엿는데會費는每人分四圓이라하며申込期日은本月二十四日까지로하고 申込場所는 朝鮮.東亞의兩支局으로定하엿다고(馬山)

해석

통도사탐승대

26일부터 3일간

마산청년회는 지난 9일 오후 4시부터 석정(石町)[1] 조선일보 지국에서 집행위원회를 열고 본 회의 주최로 양산 통도사 탐승대를 조직하고 오는 26일부터 3일간 통도사를 탐승하기로 결의하고 5시 30분에 폐회하였다. 조선과 동아의 두 신문사 지국과 마산불교포교당에서도 이를 후원하기로 하였다. 회비는 한 사람당 4원이고, 신청기간은 24일까지로 하였고, 신청장소는 조선과 동아의 두 지국으로 정하였다. (馬山)

1 현 창원시 마산합포구 창동

1925년 8월 23일

조선일보朝鮮日報(4면)

馬山에 朝鮮文講座

泰華書館主催로

馬山泰華書館主催와東亞本報兩馬山支局後援으로來馬中의李允宰氏를聘하야지난十八日上午九時半부터倍達學院講堂에서朝鮮文講座를開하엿는데時間은每日二時間式一週間이라더라 (馬山)

원문

馬山에 朝鮮文講座

泰華書館主催로

馬山泰華書館主催와 東亞本報兩馬山支局 後援으로來馬中의李允宰氏를聘하야지난十八日上午九時半부터倍達學院講堂에서 朝鮮文講座를開하엿는데時間은每日二時間式一週間이라더라 (馬山)

해석

마산에 조선 글 강좌

태화서관 주최로

마산 태화서관(泰華書館) 주최와 동아와 조선의 마산지국이 후원해서 마산중학교의 이윤재씨를 초빙해 지난 18일 오전 9시 30분부터 배달학원 강당에서 조선 글 강좌를 하였는데 시간은 매일 2시간씩 1주일 동안이다. (마산)

慶南同友會組織

本社慶南支分局長이

過般密陽에서本社慶南各支分局長이會議한結果常設機關을設置하기로決議하엿다함은旣報함과갓거니와豫定대로去月二十九日正午十二時부터馬山觀海亭에會合하야臨時議長李瀅宰氏司會下에金喆壽氏의經過報告를마친後會則을通過할새逐條論議하야此를裁定하고事業討議에入하야左와如히決定한後 午餐을 畢하고이어서左의 事項을決議한 後同六時에 閉會하고 다시新町佛敎布敎堂에서 再次會議를 열고本社에 交涉할몃가지를 決議한後밤十時에閉會하엿는바出席地方及氏名과選擧된委員은如左하다고(馬山)

▲目 的

一、本會는東亞日報의發展을爲하며會員의親睦과權威保障及共同利益을圖함으로目的함

出席氏名及地方

李瀅宰(馬山)金喆壽(梁山)裵昌絃(金海)盧相乾(釜山)金熙址(密陽)崔元[illegible]([illegible]永)趙佑濟(晋州)盧奎東(宜寧)金其正(山淸)鄭漳鉉(咸陽)金斗玉(統營)趙珍奎(咸安)李宗奎(龜浦)

▲委 員

金喆壽 盧相乾 李瀅宰

▲事業討議

一、各地方을隨時巡廻할것

一、今秋와來春에二期로分하야新聞宣傳講演을行할것

一、時時懇親會를開催하되此를委員에게一任할것

一、本會發起로全朝鮮支分局經營者會를組織하도록할것

一、預算編成은本會委員이此를行하되各支分局의同意를得하야決定할것

一、預算額은各地支分局의本社等級比例에從하야編成할것

一、等級調査는本會委員에게一任함

一、等級標準은各支分局新聞部數와地方情況을參酌하야各地支分局經營者의同意를得함으로決定할것

1925년 9월 3일
동아일보東亞日報(4면)

원문

慶南同友會 組織

本社慶南支分局長이

過般密陽에서本社慶南各支分局長이會議한結果常設機關을設置하기로決議하엿다함은旣報함과갓거니와豫定대로去月二十九日正午十二時부터馬山觀海亭에會合하야臨時議長李瀅宰氏司會下에金喆壽氏의經過報告를마친後會則을通過할새逐條論議하야此를裁定하고事業討議에入하야左와 如히決定한後 午餐을 畢하고이어서左의 事項을決定한 後同六時에 閉會하고 다시新町佛敎布敎堂에서 再次會議를 열고本社에 交涉할몃가지를 決議한後밤十時에閉會하엿는바出席地方及氏名과選擧된委員은如左하다고(馬山)

▲目的

一. 本會는東亞日報의發展을爲하며會員의親睦과權威保障及共同利益을圖함으로目的함

出席氏名及地方

李瀅宰(馬山)金喆壽(梁山)裵昌炫(金海)盧相乾(釜山)金熙址(密陽)崔元胄(進永)趙佑濟(晋州)盧奎東(宜寧)金其正(山淸)鄭章鉉(咸陽)金斗玉(統營)趙珍奎(咸安)辛宗奎(龜浦)

해석

경남동우회 조직

본사 경남지분국장이

지난번 밀양(密陽)에서 본사 경남 각지 분국장이 회의한 결과, 상설기관을 설치하기로 의결하였다는 것은 이미 보도한 것과 같다. 예상대로 지난 달 29일 12시부터 마산 관해정(觀海亭)에 모였다. 임시의장 이형재(李瀅宰)씨의 사회로 김철수(金喆壽)씨의 경과보고를 마치고, 회칙을 통과할 때 추가 조항을 논의해서 재정하고, 사업토론에서도 아래와 같이 결정하고 점심을 먹었다. 아래의 사항을 결정하고 6시에 폐회하고, 다시 신정(新町) 불교포교당에서 재차 회의를 열고 본사에 교섭할 내용 몇 가지를 결의하고 밤 10시에 폐회하였다. 출석한 지방의 사람들과 선임된 위원들은 아래와 같다. (마산)

▲목적

1. 본회는 동아일보의 발전을 위하며 회원의 친목과 권위 보장과 공동의 이익을 도모함을 목적으로 함.

출석 명단과 지방

이형재(마산) 김철수(양산) 배창현(김해) 노상건(부산) 김희지(밀양) 최원주(진영) 조우제(진주) 노규동(의녕) 김기정(산청) 정장현(함양) 김두옥(통영) 조진규(함안) 신종규(구포)

▲委員
金喆壽 盧相乾 李瀅宰

▲事業討議
一. 各地方을隨時巡廻할것
一. 今秋와來春에二期로分하야 新聞宣傳講演을 行할것
一. 時時懇親會를開催하되此를委員에게 一任할 것
一. 本會發起로全朝鮮支分局經營者會를 組織하도록할것
一. 豫算編成은本會委員이此를行하되 各支分局의 同意를 得하야 決定할것
一. 豫算額은各地支分局의本社等級比例에 從하야 編成할것
一. 等級調査는 本會委員會에게 一任함
一. 等級標準은各地支分局新聞部數와 地方情況을參酌하야各地支分局經營者의 同意를得함으로 決定할것

▲위원
김철수, 노상건, 이형재

▲사업토의
1. 각 지방을 수시 순회할 것.
2. 금년 가을과 내년 봄에 2기로 나누어 신문 선전 강연을 행할 것.
3. 때때로 간친회(懇親會)를 개최하되 이를 위원에게 일임할 것.
4. 본회 발기로 전 조선 지국과 분국 경영자회를 조직하도록 할 것.
5. 예산편성은 본회 위원이 이를 행하되 각 지국과 분국의 동의를 얻어서 결정할 것.
6. 예산액은 각지 지국과 분국의 본사 등급 비례에 따라서 편성할 것.
7. 등급 조사는 본회 위원회에게 일임함.
8. 등급 표준은 각지 지국과 분국 신문 부수와 지방 정황을 참작하여 각지 지국과 분국 경영자의 동의를 얻어서 결정할 것.

1925년 11월 3일

조선일보朝鮮日報(1면)

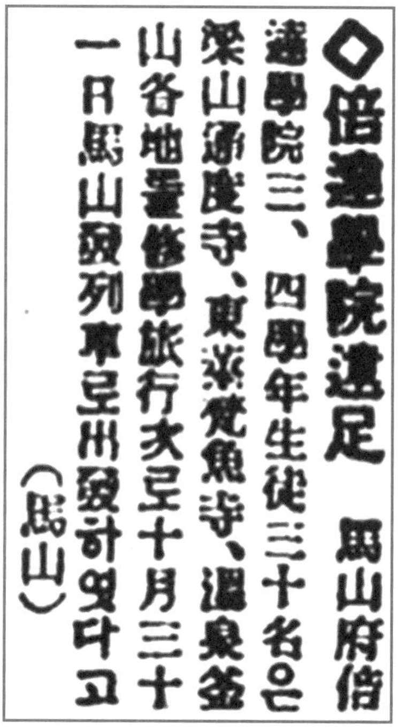

◇倍達學院遠足 馬山府倍達學院三、四學年生徒三十名은梁山通度寺、東萊梵魚寺、溫泉釜山各地를修學旅行次로十月三十一日馬山發列車로出發하엿다고 (馬山)

원문

倍達學院遠足

馬山府倍達學院三,四學年生徒三十名은梁山通度寺,東萊梵魚寺,溫泉釜山各地를修學旅行次로十月三十一日馬山發列車로出發하엿다고 (馬山)

해석

배달학원 원족

마산부 배달학원 3·4학년 학생 30명은 양산 통도사, 동래 범어사, 온천, 부산 각 지역을 수학여행을 위해 10월 31일 마산발 기차로 출발하였다. (마산)

1925년 11월 4일

동아일보東亞日報(4면)

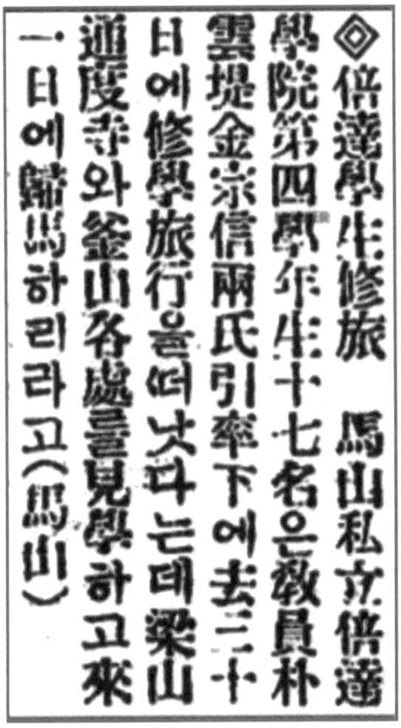

◈倍達學生修旅 馬山私立倍達學院第四學年生十七名은教員朴雲堤金宗信兩氏引率下에去三十日에修學旅行을떠낫다는데梁山通度寺와釜山各處를見學하고來一日에歸馬하리라고(馬山)

원문

地方人事 消息

◈ 倍達學生修旅 馬山私立倍達學院第四學年生十七名은教員朴雲堤金宗信兩氏引率下에去三十日에修學旅行을써낫다는데梁山通度寺와釜山各處를見學하고來一日에歸馬하리라고 (馬山)

해석

지방인사 소식

◈ 배달학생 수학여행, 마산 사립 배달학원 제 4학년생 17명은 교원 박운제, 김종신 두 분의 인솔 하에 지난 30일 수학여행을 떠났다. 양산 통도사와 부산 각처를 견학하고 오는 1일에 마산에 돌아갔다. (마산)

1926년 2월

『불교佛教』 20호(京城佛教社 發行)

원문

馬山佛教少年決議

一月十八日下午七時半에馬山佛教少年團에서는馬山佛教布教堂內에서委員會를開하고左의事項을決議하얏다더라

(一) 馬山公立普通學校校長이朝會時一般生徒에게少年團或은少女會에入會한者는退會치안흐면안된다고함에對하야調査한後警告文을發送할것

(二) 愼訓導外二人의 非行에 對하야 調査한 後對策을 講究할것

(三) 少年運動의 將來를爲하야 以上二問題를 徹底히 施行코저 各靑年團體及少年團體의 聯絡步調를 取할것

委員 金學之 金守萬 金喜周(馬山)

해석

마산불교소년 결의

1월 18일 오후 7시 30분에 마산불교소년단(馬山佛教少年團)에서는 마산불교포교당 내에서 위원회를 개최하고 아래 사항을 결의하였다.

1. 마산공립보통학교 교장이 조회할 때 일반생도에게 소년단 혹은 소녀회에 입회한 자는 탈퇴하지 않으면 안된다고 한 것에 대하여 조사한 후 경고문을 발송할 것.
2. 신훈도 외 2인의 비행에 대하여 조사한 후 대책을 강구할 것.
3. 소년운동의 장래를 위하여 이상 두 가지 문제를 철저히 시행하기 위하여 각 청년단체와 소년단체의 연락 보조를 취할 것.

위원 김학지(金學之) 김수만(金守萬) 김희주(金喜周)(마산)

釋迦聖誕祝賀

去十九日(陰四月初八日)은釋迦聖誕日임으로馬山佛敎振興會에서는男女老少數百名이當日下午八時부터提燈行列로써全市街를一週하고同九時에修達學院內에서音樂歌劇大會를開催한바定刻前부터물밀듯雲集하는聽衆場內場外에立錐의餘地가업도록大混雜을일운지라定刻이되매金宗信氏의司會下에서張在倫氏趣旨說明이잇슨後絃樂合奏를비롯하야淸雅한聲樂及機樂과『救援의光』이라는童話歌劇으로써만흔聽衆에게爽快한늣김을與하고同十時半에閉會하엿다는데初有의盛況을일우엇다더라(馬山)

1926년 5월 22일
동아일보東亞日報(4면)

원문

釋迦聖誕祝賀

去十九日(陰四月初八日)은釋迦聖誕日임으로馬山佛敎振興會에서는男女老少數百名이當日下午八時부터提燈行列로써全市街를一通하고同九時에倍達學院內에서音樂家劇大會를開催한바定刻前부터물밀듯雲集하는聽衆場內場外에立錐의餘地가업도록大混亂을일운지라定刻이되매金宗信氏의司會下에서張在輪氏趣旨說明이잇슨後絃樂合奏를비롯하야淸雅한聲樂及機樂과『救援의光』이라는童話歌劇으로써만흔聽衆에게爽快한늣김을與하고同十時半에閉會하엿다는데初有의盛況을일우엇다더라 (馬山)

해석

석가성탄 축하

지난 19일(음 4월 8일)은 석가성탄일이다. 마산불교진흥회에서는 남녀노소 수백 명이 당일 오후 8시부터 제등행렬(提燈行列)을 전 시내를 통과하고 동 9시에 배달학원에서 음악 가극대회를 개최하였다. 시작 전부터 물밀 듯 운집하는 청중들이 공연장 안과 밖에 가득 차서 대혼란을 이루었다. 정각에 김종신(金宗信)씨의 사회로 장재륜(張在輪)씨가 취지를 설명하였다. 현악합주(絃樂合奏)를 비롯한 청아한 성악과 기악과『구원(救援)의 빛(光)』이라는 동화가극(童話歌劇)이 많은 청중들에게 상쾌한 느낌을 주고 10시에 폐회하였다. 초유의 성황을 이루었다. (마산)

1926년 8월 23일

동아일보東亞日報(4면)

◇倍達學院 馬山佛教振興會에서 社會事業으로經營하는것인데 五年前에設立되여 就學할곳이업서 彷徨하는兒童을收養하야 第二回卒業生을내엿고學制는四學年에 在學生八十名을敎員四人이敎授한다 經費는每年通度寺補助와 院長朴聖則氏의出力으로 維支한다

원문

巡廻探訪 (五十三) 馬山地方大觀 〈1〉

…◇ 倍達學院 馬山佛教振興會에서 社會事業으로經營하는것인데 五年前에設立되여 就學할곳이업서 彷徨하는兒童을收養하야 第二回卒業生을내엿고學制는四學年에 在學生八十名을教員四人이教授한다 經費는每年通度寺補助와 院長朴聖則氏의出力으로 維支한다. …

해석

순회탐방 (53) 마산지방대관 〈1〉

…◇ 배달학원 마산불교진흥회에서 사회사업으로 경영하는 곳인데, 5년 전에 설립되어 취학할 곳이 없어서 방황하는 아동들을 거두어 양육한다. 제 2회 졸업생을 내었고, 학제는 4학년이다. 재학생은 80명이고 교원은 4명이 교수한다. 경비는 매년 통도사의 보조와 원장 박성직(朴聖則) 씨의 지원으로 유지한다. …

1926년 8월 25일

동아일보東亞日報(4면)

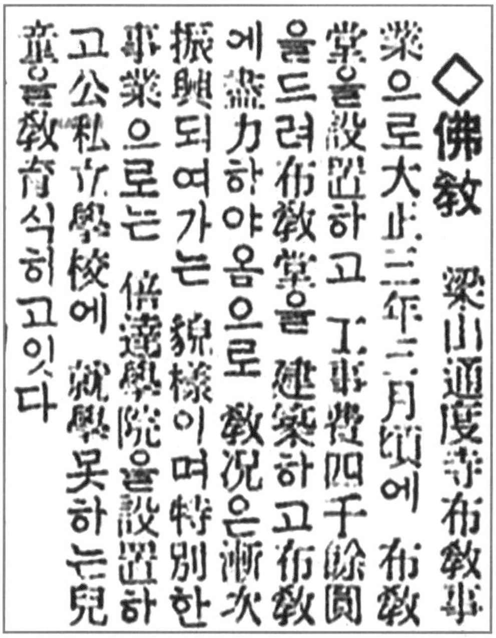

◇佛敎 梁山通度寺布敎事業으로大正三年三月頃에 布敎堂을設置하고 工事費四千餘圓을드려布敎堂을 建築하고布敎에盡力하야옴으로 敎況은漸次振興되여가는 貌樣이며特別한事業으로는 倍達學院을設置하고公私立學校에 就學못하는兒童을敎育식히고잇다

원문

巡廻探訪 (五十五) 馬山地方大觀 〈3〉

…◇ 佛敎 梁山通度寺布敎事業으로大正三年三月頃에 布敎堂을設置하고 工事費四千餘圓을드려布敎堂을 建築하고布敎에盡力하야옴으로 敎況은漸次振興되여가는 貌樣이며特別한事業으로는 倍達學院을設置하고公私立學校에 就學못하는兒童을敎育식히고잇다 …

해석

순회탐방 (55) 마산지방대관 〈3〉

…◇ 불교 양산 통도사 포교사업으로 대정3년 3월경에 포교당을 설치하고 공사비 4000여 원을 들여서 포교당을 건축하였다. 포교에 진력하여 교세의 상황은 점차 진흥되어 가는 모양이며, 특별한 사업으로는 배달학원을 설치하고 공사립학교에 취학을 못하는 아동들을 교육시키고 있다. …

多率寺前住持
白聖元은褫奪

大正十一年一月一日부터 十四年六日末日까지 慶南大本山海印寺會計監事勸業의任을帶하고視務하며 幷하야大正十二年九月부터는 그末寺인泗川郡多率寺住持로就職하엿든白聖元(三〇)은海印寺監事在職中에 寺財를多數히橫領함으로本山住持로부터 再三誡諭하고該金額을返納하라는 命令에反感을抱하고現職員排斥運動으로 同類를籍耗하야金額一千九百餘圓을騙取하고 虛僞의事實로監事許尙玄을相對로起訴하야 僧風을紊亂케한事, 大正十四年度海印寺森林立木賣買에 對하야海印寺代表라自稱하고 金錢을橫領한事, 多率寺住持在職中該寺公金六千餘圓을 橫領한事, 밋其他寺刹을 衰廢케한行爲, 僧風敗壞, 背任橫領等事實이累累함으로 七月二十三日에度牒을褫奪하엿다더라 (海印)

在日本朝鮮佛教青年會
臨時總會

在日朝鮮佛教留學生佛教靑年會에서는 東京市本鄕區三丁目 帝國大學佛敎靑年會館에서 去九月二十六日午後一時부터臨時總會를開하고左記事項을討議하고 散會하엿다더라

一, 機關誌金剛杵維持費의件
一, 同金剛杵體裁에關한件
一, 關東震災被害同胞追悼의件
其他經過狀況報告 (東京)

朝鮮佛教留學生機關誌
「金剛杵」에對한同情

今年夏期休暇에歸省한佛教留學生의 懇에各寺에서금剛杵를爲하야 多大한同情을寄하엿슴으로 一般佛教留學生界에서는感謝함을이기지못한다는데 그芳名은如左하더라

海印寺　金龍寺　大乘寺　玉泉寺
玉泉寺佛教靑年會　林幻鏡　以上

中央佛教學友會의
創立一週年紀念式
六堂先生의講演도잇섯다

去九月二十九日(土曜)下午七時부터 京城府齋松洞八十二番地覺皇敎堂內에서 本會幹事韓英錫君의開會辭로 中央佛教學友會創立一週年紀念式 講演을崔南善先生께서「白頭山과佛敎」라는 演題로二時間을하온後에 朝鮮佛敎少年會少年少女들의 滋味잇는餘興도잇섯다는대 入場은無料發付하야聽衆이千餘名에達하야大盛況인喝采裡에서 無事히經過되엿다더라

馬山佛教少年定總

慶南馬山佛教少年團에서는 지난九月十八日午後八時通度寺馬山布教堂안에서 第六回定期總會를開催하고 委員은金學之外네사람으로改選하엿더라 (馬山)

日本各宗高僧碩德의
支那佛教視察團迎送

日本各宗에서 有數한高僧碩德들이 支那佛教視察團을組織하야 十月一日東京發로約一個月間 支那各地의佛敎를視察한다함은그氏名과日程까지모다前號에 紹介한바어니와十月三日上午七時五十五分車로써 京城驛에到着함으로 敎務院에서는朝鮮佛敎團과各宗聯合事務所와聯合하야 그一行을歡迎하야朝鮮神宮, 總督府, 總督府, 博物館等을案內하고 下午四時食道園에서晩餐會를饗應하고 同七時二十五分奉天行으로餞送하엿더라

1926년 11월

『불교佛敎』 29호(京城佛敎社 發行)

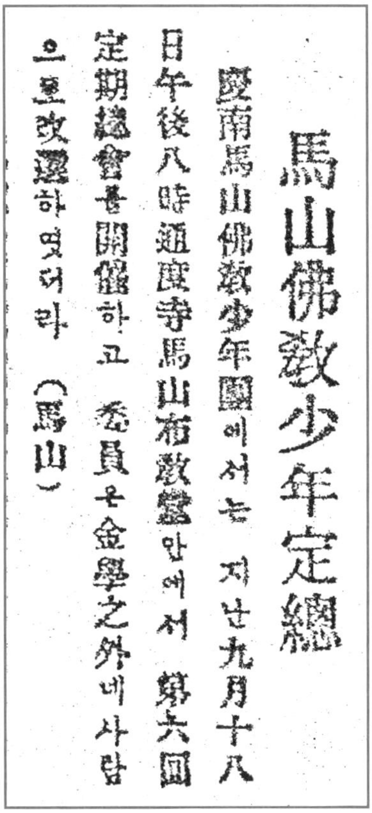

馬山佛敎少年定總

慶南馬山佛敎少年團에서는 지난九月十八日午後八時通度寺馬山布敎堂안에서 第六回定期總會를開催하고 委員은金學之外네사람으로改選하엿더라 (馬山)

원문

慶南馬山佛敎少年團에서는 지난 九月 十八日 午後 八時 通度寺 馬山布敎堂 안에서 第六回 定期總會를 開催하고 委員은 金學之 外 네사람으로 改選하엿더라(馬山)

해석

경남 마산불교소년단에서는 지난 9월 18일 오후 8시 통도사 마산포교당에서 제 6회 정기총회를 개최하고, 위원은 김학지(金學之) 외 4명의 임원을 뽑았다. (마산)

馬山幼園 遂實現

會寺聯合으로 倍達學院서

二萬의市民이居住하는馬山에아직人間敎育의出發點이되는幼稚園이업서府民一般는이미그의實現에對한期待가놉든中馬山靑年會에서馬山學院을引受하야此를幼稚園으로變更하는同時에更一層理想的幼稚園을實現코저去一日第二回馬山各團體代表會席上에提議하야梁山通度寺에서經營하는倍達學院外지倂合을交涉하기로決議되어卽席에서選擧된委員中數氏가通度寺와交涉한結果圓滿히妥協되어該寺主持宋雪牛氏의 代理朴雲境氏가 去九日午後九時馬山佛敎布敎堂內에서馬山靑年會代表數人及幾個有志와馬山佛敎振興會의重要幹部立會下에雙方의契約을圓滿히締結하얏는바그內容은卽倍達學院의建物其他附屬品一切를幼稚園에使用케하는同時에年五百圓을通度寺에서負擔支出하기로하고그外責任은全혀靑年會가負擔하야雙方이共同經營하기로한것이라는데同學院의現在生徒轉學交涉及幼稚園設備의準備委員을左와如히選擧하엿더라 (馬山)

▲金貫東▲崔喆龍▲李相滿▲李寧瀅▲明道奭▲金鍾斗▲呂海▲許夢草▲宋致權▲徐相源

1927년 3월 14일
조선일보朝鮮日報(4면)

원문

馬山幼園 遂實現

會寺聯合으로 倍達學院서

二萬의市民이居住하는馬山에아직人間教育의出發點이되는幼稚園이업서府民一般은이미그의實現에對한期待가놉든中馬山靑年會에서馬山學院을引受하야此를幼稚園으로變更하는同時에更一層理想的幼稚園을實現코저去一日第二回馬山各團體代表會席上에提議하야梁山通度寺에서經營하는倍達學院까지倂合을交涉하기로決議되어卽席에서選擧된委員中數氏가通度寺와交涉한 結果圓滿히妥協되어該寺主持宋雪牛氏의 代理朴雪鍉氏가 去九日午後九時馬山佛敎布敎堂內에서馬山靑年會代表數人及幾個有志와馬山佛敎振興會의重要幹部立會下에雙方의契約을圓滿히締結하얏는바그內容은ㅁ倍達學院의建物其他附屬品一切를幼稚園에使用케하는同時에年五百圓을通度寺에서負擔支出하기로하고그外責任은全혀靑年會가負擔하야雙方이共同經營하기로한것이라는데同學院의現在生徒轉學交涉及幼稚園設備의準備委員을左와如히選擧하엿더라 (馬山)

▲金貴東▲崔喆龍▲李相滿▲李宰瀅▲明道奭
▲金鐵斗▲呂海▲許夢草▲宋致權▲徐相源

해석

마산유원 드디어 실현

회사 연합으로 배달학원서

2만의 시민이 거주하는 마산에 아직 인간교육의 출발점이 되는 유치원이 없어서 부민들은 이미 그러한 실현에 대한 기대가 높았다. 마산청년회에서 마산학원을 인수하여 이것을 유아원으로 변경하고 더욱 새로운 이상적인 유아원을 실현하고자 하였다. 지난 1일 제 2회 마산 각 단체 대표회의 석상에서 제의하고, 양산 통도사에서 경영하는 배달학원까지 병합하는 방향으로 교섭하기로 결의하였다. 즉석에서 당선된 위원 몇 명이 통도사와 교섭하여 원만히 타협하여 본사 주지 송설우(宋雪牛)씨의 대리 박설제(朴雪鍉)씨와 같이 지난 9일 오후 9시 마산불교포교당 내에서 마산청년회 대표 몇 명과 유지와 마산불교진흥회의 중요 간부들의 입회하에 쌍방의 계약을 원만히 체결하였다. 그 내용은 배달학원의 건물 기타 부속품 일체를 유치원이 사용하게 하는 동시에 연 500원을 통도사에서 부담해서 지출하기로 하였다. 그외 책임은 전부 청년회가 부담해서 쌍방이 공동 경영하기로 하였다. 동 학원의 현재 학생들은 전학을 교섭하고 유치원 설비의 준비위원을 아래와 같이 뽑았다. (마산)

▲김귀동 ▲최철룡 ▲이상만 ▲이재형 ▲명도석
▲김철두 ▲여해 ▲허몽초 ▲송치권 ▲서상원

馬山各團弔文

륙일에왓다

월남선생의 사회장에대하야 마산(馬山)에잇는사회、언론、종교、실업등각방면단톄대표의명의로됴문(弔文)이륙일경성으로왓는데 그단톄대표의 씨명은알에와갓더라

▲馬山同人會代表孫德宇▲馬山青年會代表崔吉龍▲馬山青年聯合會代表金貴東▲馬山記者團代表李[illegible]宰▲馬山勞働會代表呂海▲馬山海陸運輸勞働組合代表[illegible]德市▲馬山修養青年會代表李[illegible]、▲馬山崇武團代表崔大奎▲馬山佛教振興會代表宋致權、▲馬山耶穌教勉勵青年會代表金周奉▲馬山木物職工親睦會代表孫[illegible]明▲馬山印刷職工組合代表朴容圭▲馬山衡平社代表朴有善▲馬山衡平青年會代表李[illegible]潤、

1927년 4월 7일
중외일보(2면)

원문

馬山各團吊文 륙일에왓다

월남선생의 사회장에대하야 마산(馬山)에잇는 사회, 언론, 종교, 실업들각 방면 단톄대표의 명의로 됴문(吊文)이 륙일 경성으로왓는데 그단톄 대표의 씨명은 알에와갓더라

▲馬山同人會代表孫德宇▲馬山青年會代表崔吉龍▲馬山青年聯合會代表金貴東▲馬山記者團代表李瀅宰▲馬山勞働會代表呂海▲馬山海陸運輸勞働組合代表姜德甫 ▲馬山修養青年會代表李雙龍▲馬山崇武團代表崔大奎▲馬山佛敎振興會代表宋致權▲馬山耶穌敎勉勵青年會代表金周奉▲馬山木物職工親睦會代表孫善明▲馬山印刷職工組合代表朴容圭▲馬山衡平社代表朴有善 ▲馬山衡平青年會代表李相潤

해석

마산 각단 조문 6일에 왔다

월남선생의 사회장에 대하여 마산(馬山)에 있는 사회, 언론, 종교, 실업 등 각 방면 단체 대표의 명의로 조문(吊文)이 6일 경성으로 왔는데 그 단체대표의 이름은 아래와 같다.

▲마산동인회 대표 손덕우 ▲마산청년회 대표 최길용 ▲마산청년연합회 대표 김귀동 ▲마산기자단 대표 이형재 ▲마산노동회 대표 여해 ▲마산해육운수노동조합 대표 강덕보 ▲마산수양청년회 대표 이쌍룡 ▲마산숭무단 대표 최대규 ▲마산불교진흥회 대표 송치권 ▲마산야소교면여청년회 대표 김주봉 ▲마산목물직공친목회 대표 손선명 ▲마산인쇄직공조합 대표 박용규 ▲마산형평사 대표 박유선 ▲마산형평청년회 대표 이상윤

1927년 4월 9일

동아일보東亞日報(4면)

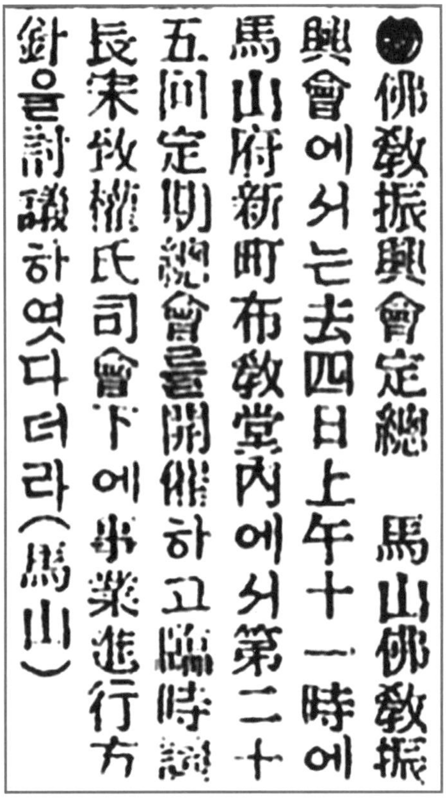

●佛敎振興會定總　馬山佛敎振興會에서는去四日上午十一時에馬山府新町布敎堂內에서第二十五回定期總會를開催하고臨時議長宋致權氏司會下에事業進行方針을討議하엿다더라(馬山)

원문

嶺南地方

● 佛教振興會定總　馬山佛教振興會에서는去四日上午十一時에馬山府新町布教堂內에서第二十五回定期總會를開催하고臨時議長宋致權氏司會下에事業進行方針을討議하엿다더라 (馬山)

해석

영남지방

● 불교진흥회 정총 마산불교진흥회에서는 지난 4일 오전 11시에 마산부 신정(新町)에 있는 포교당에서 제 25회 정기총회를 개최하였다. 임시의장 송치권(宋致權)씨 사회로 사업 진행 방침을 토의하였다. (마산)

1927년 4월 30일
동아일보東亞日報(13면)

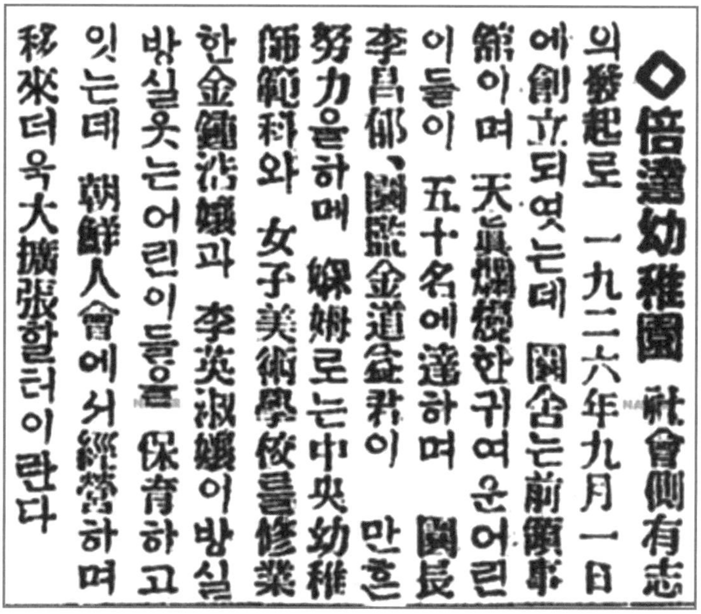

◇倍達幼稚園 社會側有志
의發起로 一九二六年九月一日
에創立되엿는데 園舍는前領事
舘이며 天眞爛熳한귀여운어린
이들이 五十名에達하며 園長
李昌郁, 園監金道益君이 만흔
努力을하메 娛姆로는中央幼稚
師範科와 女子美術學校를修業
한金鍾浩孃과 李英淑孃이방실
방실웃는어린이들을 保育하고
잇는데 朝鮮人會에서經營하며
移來더욱大擴張할터이란다

원문

巡廻探訪 -三百二 越江異域의 國際都市 〈7〉

…◇ 倍達幼稚園 社會側有志의發起로 一九二六年九月一日에創立되엿는데 園舍는前領事舘이며 天眞爛熳한귀여운어린이들이 五十名에達하며 園長李昌郁, 園監金道益君이 만흔努力을하메 娛姆로는中央幼稚師範科와 女子美術學校를修業한金鍾浩孃과 李英淑孃이방실방실웃는어린이들을 保育하고잇는데 朝鮮人會에서經營하며移來더욱大擴張할터이란다

해석

순회탐방-302 월강이역의 국제도시 〈7〉

…◇ 배달유치원 사회적 유지의 발기로 1926년 9월 1일에 창립되었다. 유치원 건물은 전 영사관이다. 천진난만한 귀여운 어린이들은 50명이고, 원장 이창욱(李昌郁), 원감 김도익(金道益)군이 많은 노력을 하였다. 보모는 중앙유치사범과와 여자미술학교를 수업한 김종호(金鍾浩)양과 이영숙(李英淑)양이 방실방실 웃는 어린이들을 보육하고 있다. 조선인회에서 경영하는데 앞으로 더울 크게 확장한다고 한다.

届出年月日	所屬教宗派又ハ本寺ノ名稱	布教者ノ住所	氏名
昭和二年四月十九日	朝鮮寺刹	慶尚南道昌原郡昌原面召沓里八七二	朴萬善
同五月二十八日	同	京畿道仁川府龍里二三七	金寶蓮
同二十九日	黑住教	慶尚南道馬山府本町三丁目	田中紋吉
同六月二十日	朝鮮寺刹	江原道三陟郡末老面天恩寺	金祥雨
同二十二日	神理教	慶尚南道馬山府富町一〇五	今村善七
同二十四日	曹洞宗	京畿道振威郡丙南面平澤里	水野弘道
同二十七日	淨土宗	忠清南道瑞山郡瑞山面	津田俊英
同七月十五日	神理教	京畿道京城府南山町三丁目一三	新田末吉
同二十九日	同	平安北道宣川郡宣川面川南洞二一五	本田カメ
同八月十二日	眞宗本願寺派	同九五	本田爲男
同十五日	神道	京畿道京城府旭町二丁目七五	藤原甚右衛門
同	同	同	藤原ツネ
同	同	同明治町二丁目七六	成山ヨシノ
同二十七日	同	同京町一一	早崎トヨ
同三月十日	朝鮮耶蘇教長老會	黃海道黃州郡永豐面永豐里三九六	金海述
同四月三十日	聖公會	同延白郡銀川面蓮南里一五八	趙漢山
同五月九日	同	同金川郡金川面金陵里一一九	金永赫
同	同	同	吳東萊
同六月九日	朝鮮耶蘇教長老會	慶尚南道東萊郡鐵馬面長田里三四五	崔都芝
同	同	同機張面竹城里一九四	具石巖
同二十四日	同	咸鏡北道茂山郡邑面城川洞七	朴震宇
同八月二日	日本基督教會	全羅北道群山府旭町二一	大川茂
同五月二十三日	東洋宣教會	京畿道安城郡邑內面東里	李榮雨
同八月一日	同	同高陽郡延禧面阿峴北里三三	鄭寅烈
同	同	同安城郡邑內面東里三二一ノ二	崔益信
同	同	同振威郡丙南面通伏里八一	鄭雲興
同	同	同廣州郡慶安面京安里五一	李淑烈
同	同	忠清北道清州郡芙蓉面芙江里一二四	金壽善
同	同	忠清南道扶餘郡鴻山面南村里一三八	金順姬
同	同	同論山郡江景面北町一〇七	金康京
同	同	慶尚北道軍威郡軍威面東部洞六二一	張永愛
同	同	同義城郡比安面西部洞二四ノ八	李眞寶
同	同	同慶州郡慶州面路東里一〇	李聖英
同	同	慶尚南道密陽郡密陽面內一洞三五二	尹順坦
同	同	同釜山府水晶町五五一	金德義
同	同	同東萊郡東萊面福泉洞四二四	咸錫珍
同	同	同晉州郡晉州面中安洞六二ノ二	林道五
同	同	黃海道鳳山郡沙里院面北里三七	金英洙

○布教所設置屆

布教規則第九條ニ依リ布教所設置屆ヲ提出シタル者左ノ如シ

届出年月日	所屬教宗派	布教所名稱	布教所所在地
昭和二年四月十九日	朝鮮寺刹	大本山通度寺昌原布教堂	慶尚南道昌原郡昌原面召沓里八七二
同六月七日	同	大本山白羊寺益山郡金馬面箕陽里布教堂	全羅北道益山郡金馬面箕陽里
同	黑住教	黑住教京城教會所	京畿道京城府長橋町六五
同二十二日	神理教	神理教馬山教會所	慶尚南道馬山府富平町一〇五
同二十七日	曹洞宗	曹洞宗布教所	忠清南道瑞山郡瑞山面邑內
同七月十日	黑住教	黑住教馬山教會所	慶尚南道馬山府櫻町八
同六月一日	朝鮮耶蘇教長老會	午谷洞教會堂	慶尚北道高靈郡星山面午谷洞五三九
同六日	同	朝鮮耶蘇教長老會舟山教會堂	全羅南道谷城郡玉果面舟山里二〇一
同	同	同黑石教會堂	同立面黑石里一九七
同	同	同山亭教會堂	同兼面山亭里三二三
同	同	同南陽教會堂	同南陽里
同	同	同院嶝教會堂	同三岐面院嶝里八八四
同	同	同農所里教會堂	同農所里三二二
同八日	同	同金谷教會堂	同光州郡石谷面金谷里三一五
同	同	同望月教會堂	同望月里二三九
同四月七日	同	同華榜教會堂	同寶城郡彌力面華榜里五二二
同六月十日	天主公教	安東天主堂	慶尚北道安東郡安東面栗世洞四四二
同二十四日	南監理教會	芹外里禮拜堂	咸鏡南道安邊郡文山面芹外里四七三
同七月五日	朝鮮耶蘇教長老會	龍洞里教會堂	慶尚北道慶州郡陽北面龍洞里

1927년 9월 29일
조선총독부 관보 227호

布敎者ノ住所氏名	所屬敎宗派又ハ本寺ノ名稱	屆出年月日
慶尙南道昌原郡昌原面召畓里八七二 朴萬善	朝鮮寺刹	昭和二年四月十九日

원문

布教届

昭和2年4月19日 朝鮮寺刹 慶尙南道 昌原郡 昌原面召畓里872 朴萬善

해석

포교신고

소화2년 4월 19일 조선사찰 경상남도 창원군 창원면 소답리872 박만선

倍達幼稚園

前途더욱有望

우리의손으로經營하는馬山私立倍達幼稚園은昨年四月에設立되어經營者의熱心과社會有志의同情으로經常費一千五百圓과臨時設備費一千二百餘圓을들여모든設備를가추어資格保姆를聘用하야兒童百餘名을保育하는바今年卒業生이四十餘名에達함과同時에園況이날로進展되어간다는데經費資源은梁山通度寺本末寺에서五百圓과馬山李相滿氏三百圓具芝書氏二百圓式을每年支出金과保育料로써充當하고設備費는一般有志의同情을要한것이라는데園務進展을딸하今年부터는經常財源의擴張을要하게됨으로當局者는硏究中當地某篤志家에交涉한結果前途樂觀을祝한다하며設立當時의同情者는다음과갓다더라(馬山)

五十圓▲具聖傳、林枝桊各一百圓式▲李道載七十五圓▲金炯壽、曹翊鎬各四十圓式▲金漢榮、金時龜、裵錫瓛、小永守朴明克、韓右東、趙萬濟各二十圓式▲李德三、李昌淳、南機祜朴圭鹹、李基一、明道奭、徐其弘、金棋銖各十圓式▲金秉煥二百圓▲金炯轍、辛完植各三十圓式

1928년 2월 25일
동아일보東亞日報(4면)

원문

倍達幼稚園

前途더욱有望

우리의손으로經營하는馬山私立倍達幼稚園은昨年四月에設立되어經營者의熱心과社會有志의同情으로經常費一千五百圓과臨時設備費一千二百餘圓을들여모든設備를가추어資格保姆를聘用하야兒童百餘名을保育하는바今年卒業生이四十餘名에達함과同時에園況이날로進展되어간다는데經費資源은梁山通度寺本末寺에서五百圓과馬山李相滿氏三百圓具芝書氏二百圓式을每年支出金과保險料로써充當하고設備費는一般有志의同情을要한것이라는데園務進展을쌀하今年부터는經常財源의擴張을要하게됨으로當局者는硏究中當地某篤志家에交涉한結果前途樂觀을祝한다하며設立當時의同情者는다음과갓다더라 (馬山)

▲李祐植二百圓▲玉麒煥一百五十圓▲具聖傳,林枝春各一百圓式▲李道載七十五圓▲金炯壽,曹潤鎬各四十圓式▲金漢榮,金時龜,裴錫觀,申永守,朴明克,韓右東,趙萬濟各二十圓式▲李德三,李昌淳,南璣祐,朴圭誠,李基一,明道奭,徐基弘,金琪銖各十圓式▲全秉煥二百圓▲金炯轍,辛完植各三十圓式

해석

배달유치원

앞으로 더욱 희망이 있다

우리의 손으로 경영하는 마산사립 배달유치원은 작년 4월에 설립되었다. 경영자의 열성과 사회 유지의 동정으로 운영비 1,500원과 임시 시설비 1,200여 원을 들여 모든 설비를 갖추었다. 자격 있는 보모를 초빙하여 아동 100여 명을 보육한다. 올해 졸업생이 40여 명이다. 유치원의 상황이 나날이 진전된다. 경비 자금은 양산 통도사와 말사에서 500원과 마산 이상만(李相滿)씨 300원, 구지서(具芝書)씨 200원씩을 매년 지출한 돈과 보험료로 충당하고, 설비비는 일반 유지들의 동정으로 모은 것이다. 유아원의 업무의 진전에 따라 금년부터는 경상 재원의 확장이 필요해서 담당자가 지역 독지가를 만나서 상의한 결과는 앞으로 낙관적이라고 한다. 설립 당시의 동정한 사람은 다음과 같다. (마산)

▲이우식 2백원 ▲옥기환 150원 ▲구성전, 임지춘 각 100원씩 ▲이도재 75원 ▲김형수, 조윤호 각 40원씩 ▲김한영, 김시구, 배석관, 신영수, 박명극, 한우동, 조만제 각 20원씩 ▲이덕삼, 이창순, 남기우, 박규성, 이기일, 명도석, 서기홍, 김기수 각 10원씩 ▲전병환 200원 ▲김형철, 신완식 각 30원씩

倍達幼園曙光

設立者經費負擔

馬山私立倍達幼稚園은馬山靑年會와通度寺本山에서聯合經營하기로하고去年春季부터設立한以來一年間社會有志諸氏의千餘圓同情으로諸般設備를完備하얏스며經常費로는通度寺每年五百圓園監李相瓚氏三年間豫定으로每年三百圓具芝術氏三年間豫定으로每年二百圓其他는月除金으로써維持하야나오든바今年度부터는園務를一層擴張함을따하資格保姆一人을增聘하기로하얏슴으로該園發展을누구든지信望한다는데設立以後로아즉適當한設立者가업서서經營者側에서는人選中이든바馬山府俵町富豪李佑楠氏에게交涉한結果該氏는快諾하얏슬뿐아니라來年度부터는維持費로每年千圓以上을責任지고負擔하기로하얏슴으로該幼稚園前途에曙光이비초인다더라(馬山)

1928년 3월 14일
동아일보東亞日報(4면)

원문

倍達幼園曙光 設立者經費負擔

馬山私立倍達幼稚園은馬山靑年會와通度寺本山에서聯合經營하기로하고去年春季부터設立한以來一年間社會有志諸氏의千餘圓同情으로諸般設備를完備하얏스며經常費로는 通度寺每年五百圓園監李相滿氏三年間豫定으로每年三百圓具芝書氏三年間豫定으로每年二百圓其他는月餘金으로써維持하야나오든바今年度부터는園務를一層擴張함을 딸하資格保姆一人을增聘하기로하얏슴으로該園發展을누구든지信望한다는데設立以後로아즉 敵黨한設立者가업서서經營者側에서는人選中이든바馬山府俵町富豪李佑植氏에게交涉한結果該氏는快諾하얏슬뿐아니라來年度부터는維持費로每年千圓以上을責任지고負擔하기로하얏슴으로該幼稚園前途에曙光이비초인다더라 (馬山)

해석

배달유원 서광 설립자 경비 부담

마산사립 배달유치원은 마산청년회와 통도사 본사에서 합동으로 경영하기로 하고 지난 해 봄부터 설립한 이래 1년간 사회 유지분들의 1,000여 원의 동정으로 제반설비를 완비하였다. 운영비는 통도사에서 매년 500원, 원감(園監) 이상만(李相滿)씨 3년간 예정으로 매년 3백 원, 구지서(具芝書)씨 3년간 예정으로 매년 2백 원, 기타는 매월 나머지 자금으로 유지하여 왔다. 금년도부터는 유치원 업무를 더욱 확장하고, 자격있는 보모 한 사람을 더 초빙하기로 하였다. 유치원의 발전을 모두 믿고 바라는데 설립 이후로 아직 적당한 설립자가 없다. 경영자 측에서는 사람을 추천 중인데, 마침 마산부 표정(俵町)에 사는 부호 이우식(李佑植)씨에게 교섭하니 이우식씨가 흔쾌히 승낙하였다. 내년부터는 유지비로 매년 1,000원 이상을 책임지고 부담하기로 하였다. 유아원과 같이 앞날에 서광이 비친다. (마산)

馬山倍達幼園

經營費로年千圓
李[illegible]綃氏가負擔

馬山倍達幼稚園은元來馬山靑年同盟과衆山浙度寺의聯合經營으로該同盟員中李相浩氏의獻身的努力과物質의補助를비롯하야地方有志의熱烈한後援으로內容의充實을圖하여今年에도四十餘名의卒業兒童을내엇는바特히今年부터는當地李[illegible]綃氏도年年히千圓以上의維持費를支出하기로하엿슴으로馬山倍達幼稚園의前途는더욱洋洋하게되엇스며當地人士는氏의誠意를稱讚不已하는中이라더라(馬山)

원문

馬山倍達幼園

運營費로年千圓
李祐植氏가負擔

馬山倍達幼稚園은元來馬山靑年同盟과梁山通度寺의聯合經營으로該同盟員中李相滿氏의獻身的努力과物質의補助를비롯하야地方有志의熱烈한後援으로內容의充實을圖하여今年에도四十餘名의卒業兒童을내엇는바特히今年부터는當地李祐植氏도年年히千圓以上의維持費를支出하기로하엿슴으로馬山倍達幼稚園의前途는더욱洋洋하게되엇스며 當地人士는氏의誠意를稱訟不已하는中이라더라 (馬山)

해석

마산배달유원

운영비로 연간 1,000원
이우식(李祐植)씨가 부담

마산 배달 유치원은 원래 마산청년동맹과 양산 통도사와 연합으로 경영한다. 동맹회원 중 이상만(李相滿)씨의 헌신적 노력과 물건을 보조하였다. 또 지방 유지들의 열렬한 후원으로 내용의 충실을 도모하여 금년에도 40여명의 아동들이 졸업하였다. 특히 금년부터는 지역의 유지인 이우식(李祐植)씨도 매년 1,000원 이상의 유지비를 지출하기로 하였다. 마산 배달유치원의 앞날은 더욱 발전하게 되었으며, 지역의 인사들은 이우식씨의 성의에 대한 칭찬을 계속하였다. (마산)

1928년 3월 24일

동아일보東亞日報(3면)

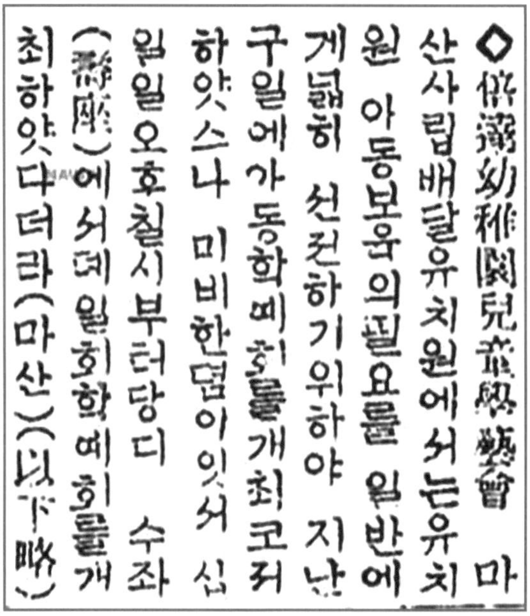
◇倍達幼稚園兒童學藝會 마산사립배달유치원에서는유치원 아동보육의필요를 일반에게넓히 선전하기위하야 지난구일에아동학예회를개최코저하얏스나 미비한뎜이잇서 십일일오후칠시부터당디 수좌(壽座)에서데일회학예회를개최하얏다더라(마산)(以下略)

원문

◇倍達幼稚園兒童學藝會

마산사립배달유치원에서는유치원 아동보육의 필요를 일반에게넓히 선전하기위하야 지난구일에아동학예회를개최코저하얏스나 미비한뎜이 잇서 십일일오후칠시부터당디 수좌(壽座)에서데일회학예회를개최하얏다더라(마산) (以下略)

해석

◇배달유치원 아동 학예회

마산사립 배달유치원에서는 유치원 아동 보육의 필요성을 일반인들에게 널리 선전하기 위하여 지난 9일에 아동학예회를 개최하고자 하였으나 미비한 점이 있어 10일 오후 7시부터 유치원의 수좌(壽座)에서 제1회 학예회를 개최하였다. (마산) (이하 략)

1928년 5월 31일
중외일보(4면)

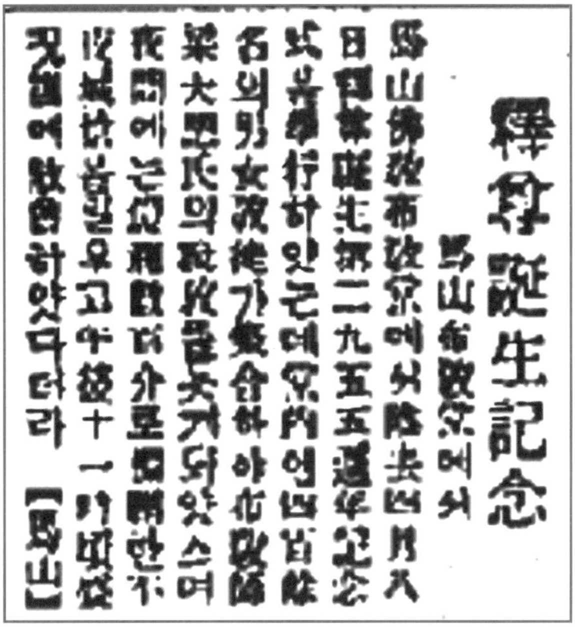

釋尊誕生記念

馬山布敎堂에서

馬山佛敎布敎堂에서陰去四月八日釋尊誕生第二九五五周年記念式을擧行하얏는데堂內엔四百餘名의男女敎徒가集合하야布敎師梁大應氏의說敎를듯게되얏스며夜間에는燈籠數百介로燦然한不夜城時를일우고午後十一時頃盛況리에散會하얏다더라 【馬山】

원문

釋尊誕生記念

馬山布敎堂에서

馬山佛敎布敎堂에서陰去四月八日釋尊誕生第二九五五周年記念式을擧行하얏는데堂內엔四百餘名의男女敎徒가集合하야布敎師梁大應氏의說敎를듯게되얏스며夜間에는燈籠數百介로燦然한不夜城時를일우고午後十一時頃盛況리에散會하얏다더라 (馬山)

해석

석존탄생기념

마산포교당에서

마산불교포교당에서 음력으로 지난 4월 8일 석존탄생 제 2955주년 기념식을 거행하였다. 포교당내에 400여 명의 남녀신도가 모여서 포교사 양대응(梁大應)씨의 설교를 들었다. 밤에는 등롱(燈籠) 수백 개 색색으로 밝은 불야성 속에서 성황리에 마치고 11시에 산회하였다. (마산)

1928년 9월 2일

동아일보東亞日報(4면)

恩重塔十週紀念

慶南馬山佛教布教堂에서는 恩重塔建築第十週年紀念式을利用하야陰去十四五兩日間晝夜二回로分하야盂蘭大法會와千燈佛事를開催한바晝間에는午前十時부터祝寶塔飛胞三磅을開하고梁大應金鍾峯朴一愚三和尙의說法으로七百餘名의聽衆에게깁흔印像을與하고夜間에는數十數種의燈籠千餘個와電燈五千餘個로써場內外를粧飾하고布教師梁大應氏의寶塔紀念說教로써空前의大盛況을呈하얏다더라【馬山】

원문

恩重塔十週紀念

慶南馬山佛敎布敎堂에서는 恩重塔建築第十週年紀念式을利用하야陰去十四五兩日間晝夜二回로分하야盂蘭大法會와千燈佛事를開催한바晝間에는午前十時부터祝寶塔飛胞三磅을開하고梁大應金鍾峯朴一愚三和尙의說法으로七百餘名의聽衆에게깁흔印像을與하고夜間에는數十數種의燈籠千餘個와電燈五千餘個로써場內外를粧飾하고布敎師梁大應氏의寶塔紀念說敎로써空前의大盛況을呈하얏다더라【馬山】

해석

은중탑 10주년 기념

경남 마산불교포교당에서는 은중탑(恩重塔) 건축 제10주년 기념식을 이용하여 지난 음력 14–15일 양일간 주야 2회로 나누어 우란대법회(盂蘭大法會)와 천등불사(千燈佛事)를 개최하였다. 주간 오전 10시부터 보탑을 축하하는 범종 3번을 치고, 양대응(梁大應), 김종봉(金鍾峯), 박일우(朴一愚) 삼화상(三和尙)의 설법으로 700여명의 청중들에게 깊은 인상을 주었다. 밤에는 수십 종류의 등롱(燈籠) 1,000여개와 전등(電燈) 5,000개로 장 내외를 장식하고 포교사 양대응씨의 보탑기념 설교로 대성황을 이루었다.【마산】

1929년 3월 9일
동아일보東亞日報(3면)

倍達幼稚園 學藝會盛況

마산사립배달유치원(馬山私立倍達幼稚園)에서는 긔보한바와가티 지난 오일하오여듧시에당디수좌(壽座)에서데이회학예회를개최한바뎡각전부터 물밀듯모여드는관중으로 쏫까지대성황을일우엇다더라

원문

倍達幼稚園 學藝會盛況

마산사립배달유치원(馬山私立倍達幼稚園)에서는 긔보한바와가티 지난 오일하오여듧시에당디수좌(壽座)에서데이회학예회를개최한바뎡각전부터 물밀듯모여드는관중으로 쏫까지대성황을일우엇다더라.

해석

배달유치원 학예회 성황

마산사립배달유치원(馬山私立倍達幼稚園)에서는 보도한 바와 같이 지난 5일 오후 8시에 유치원의 수좌에서 제 2회 학예회를 개최하였는데 시작 전부터 몰려드는 관중으로 대성황을 이루었다.

倍達幼稚園

學藝會盛況

馬山倍達幼稚園에서는年例로行하는學藝會를지난五日下午八時當地壽座에서開催한바定刻前부터入場하는園兒들의父兄들은大[illegible]만그들어린이의貴여운學藝를觀覽코저潮水미듯爭先入場하야場內는立錐의餘地가업슬만큼大盛況을呈하얏스며定刻이되자院長[illegible]氏의開會辭가잇슨後所定한順序二十六種目을開演히進行하고滿場觀衆의拍手와喝采를受하얏다는데特히그中에도出演된어린이의[illegible]技의表情道는참으로그귀여운어린이의天[illegible]을如實히發現하야一般의喝采를受하얏스며一班園兒들의手工과三班園兒들의[illegible]物律動作[illegible]도더욱觀衆의게好評과賞讚을바다同學藝會는자못大盛況裡에서同十一時頃에閉會하얏다더라【馬山】

1929년 3월 10일
중외일보(3면)

해석

마산 잡신

배달유치원 학예회 성황[1]

마산 배달유치원에서는 연례로 행하는 학예회를 지난 5일 오후 8시 당지 수좌(壽座)에서 개최하였다. 시작 전부터 입장하는 원아들의 어머니, 자매, 아버지, 형제들은 천진한 자기 자녀들의 귀여운 학예를 관람하려고 다투듯이 입장하여 장내는 입추의 여지가 없을 만큼 대만원을 이루었다. 정각이 되자 원장 이형재 씨의 개회사를 한 후에 정해진 순서 26종목을 원만히 진행되었고, 모든 관중들의 박수와 갈채를 받았다. 특히 그 중에도 5세 된 어린이 조순귀 양의 표정은 참으로 그 귀여운 어린이의 자태를 여실히 표현하여 우레와 같은 박수를 받았다. 1반 원아들의 수공과 3반 원아들의 음물, 율동작가 등도 많은 관중들의 호평과 칭찬을 받았다. 이렇게 학예회는 대성황을 이루고 11시경에 폐회하였다. (마산)

▲ 배달유치원의 인가 수속 문제 긴급

이사회 개최[2]

양산 통도사와 마산 사회 측에서 공동으로 경영하는 마산 배달유치원에서는 오래 전부터 유치원의 인가 수속에 관하여 양산 통도사 측 해답에 대하여 지난 7일 오후 2시에 유치원 강당에서 긴급 간사회를 이사장 송치국씨 사회로 개최하였다. 원장 이형재씨로부터 전 회기에 인가 문제에 관한 그동안 양산 통도사 측과의 교섭 전말과 및 통도사 측의 답변에 대한 상세한 보고를 하였다. 그 보고에 기초한 대책으로 일반 이사 중에서 의논이 분분하여 장시간 토의를 거듭하였다. 결국에는 유치원 인가 수속 문제의 원만한 해결을 위하는 마음으로 양산 통도서 측에 재차 교섭위원을 파견하기로 가결하고, 위원은 이형재, 송치국, 최철룡을 정한 후 6시경에 폐회하였다. (마산)

1 송성안 편, 『일제강점기 〈중외일보〉 속의 마산』, 마산문화원, 2007, pp.98.

2 송성안 편, 『일제강점기 〈중외일보〉 속의 마산』, 마산문화원, 2007, pp.98–99.

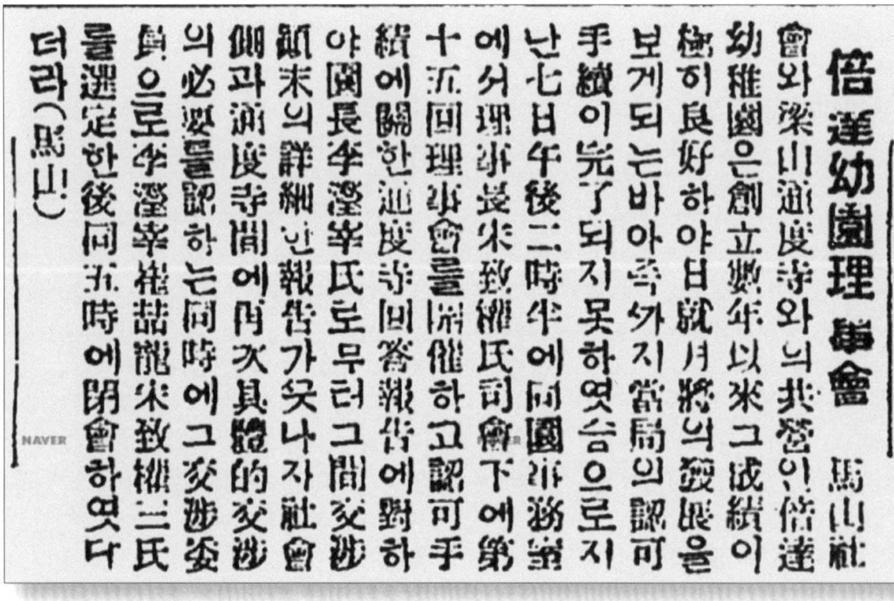

倍達幼園理事會

馬山社會와 梁山通度寺와의 共營인 倍達幼稚園은 創立數年以來 그 成績이 極히 良好하야 日就月將의 發展을 보게되는바 아즉까지 當局의 認可手續이 完了되지 못하엿슴으로 지난 七日午後二時半에 同園事務室에서 理事長 宋致權氏司會下에 第十五回理事會를 開催하고 認可手續에 關한 通度寺回答報告에 對하야 園長李瀅宰氏로부터 그間交涉顚末의 詳細한 報告가 잇나자 社會側과 通度寺間에 再次具體的交涉의 必要를 認하는 同時에 그 交涉委員으로 李瀅宰 崔喆龍 宋致權 三氏를 選定한後 同五時에 閉會하엿다더라(馬山)

1929년 3월 15일

조선일보朝鮮日報(4면)

원문

倍達幼園理事會

馬山社會와梁山通度寺와의共營인倍達幼稚園은創立數年以來그成績이極히良好하야日就月將의發展을보게되는바아즉까지當局의認可手續이完了되지못하엿슴으로지난七日午後二時半에同園事務室에서理事長宋致權氏司會下에第十五回理事會를開催하고認可手續에關한通度寺回答報告에對하야園長李瀅宰氏로부터그間交涉顚末의詳細한報告가잇나자社會側과通度寺間에再次具體的交涉의必要를認하는同時에그交涉委員으로李瀅宰崔喆龍宋致權三氏를選定한後同五時에閉會하엿다더라 (馬山)

해석

배달유원 이사회

마산 사회와 양산 통도사와 공동으로 운영하는 배달유치원은 창립하고 수년 동안 그 성적이 극히 양호해서 일취월장의 발전을 하였다. 그러나 아직까지 인가 수속이 완료되지 못하여 지난 7시 오후 2시 30분에 유치원 사무실에서 이사장 송치권(宋致權)씨의 사회로 제 15회 이사회를 개최하였다. 인가 수속에 관하여 통도사에서 회답한 내용을 보고 원장 이형재(李瀅宰)씨로부터 그 동안의 교섭 전말에 대한 자세한 보고를 들었다. 사회 측과 통도사 간에 재차 구체적인 교섭의 필요를 인정하는 동시에 그 교섭위원으로 이형재, 최철룡(崔喆龍), 송치권 씨를 선정한 후 5시에 폐회하였다. (마산)

東亞日報

昭和四年十月九日

「明約한覺書內容을 尙今遲延은遺憾

◇此際誠意있는回答을要望」

桑原府尹正式通電

瓦電에對抗 最後까지奮鬪

釜山府民大會決議

慶南記者大會

面事務所新築 位置問題로紛爭

晋州一班城面所問題

郭山에紅疫 死亡兒童六十

正月以後三個月間

技師에도質問

地主會代表 組合長에問責

府有地五百坪을 瓦電이無料使用

春窮 旱水災겪근 悲運의農村

南浦經濟界動搖

漁業者共宿所

新釋水滸傳

1929년 4월 19일
동아일보東亞日報(4면)

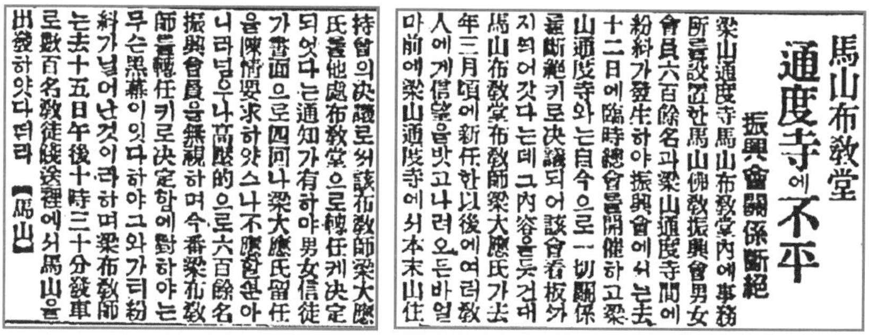
馬山布教堂 通度寺에不平
振興會關係斷絶
梁山通度寺馬山布教堂內에事務所를設置한馬山佛教振興會男女會員六百餘名과梁山通度寺間에紛糾가發生하야振興會에서는去十二日에臨時總會를開催하고梁山通度寺와는自今으로一切關係를斷絶키로결決議되어該會看板까지띄어갓다는데그內容을듯건대馬山布教堂布教師梁大應氏가去年三月頃에新任한以後에여러教人에게信望을밧고나려오든바얼마前에梁山通度寺에서本末山住持會의決議로써該布教師梁大應氏를他處布教堂으로轉任케決定되엇다는通知가有하야男女信徒가書面으로四回나梁大應氏留任을陳情要求하얏스나不應할싼아니라넘우나高壓的으로六百餘名振興會員을無視하며今番梁布教師를轉任키로決定함에對하야는무슨黑幕이잇다하야그와가티紛糾가닐어난것이라하며梁布教師는去十五日午後十時三十分發車로數百名教徒餞送裡에서馬山을出發하얏다더라【馬山】

원문

馬山布教堂 通度寺에不平

振興會關係斷絶

梁山通度寺馬山布教堂內에事務所를設置한馬山佛教振興會男女會員六百餘名과梁山通度寺間에紛糾가發生하야振興會에서는去十二日에臨時總會를開催하고梁山通度寺와는自今으로一切關係를斷絶키로결決議되어該會看板까지띄어갓다는데그內容을듯건대馬山布教堂布教師梁大應氏가去年三月頃에新任한以後에여러教人에게信望을밧고나려오든바얼마前에梁山通度寺에서本末山 住持會의決議로써該布教師梁大應氏를他處布教堂으로轉任케決定되엇다는通知가有하야男女信徒가書面으로四回나梁大應氏留任을陳情要求하얏스나不應할싼아니라넘우나高壓的으로六百餘名振興會員을無視하며今番梁布教師를轉任키로決定함에對하야는무슨黑幕이잇다하야그와가티紛糾가닐어난것이라하며梁布教師는去十五日午後十時三十分發車로數百名教徒餞送裡에서馬山을出發하얏다더라【馬山】

해석

마산포교당 통도사에 불평

진흥회 관계 단절

양산 통도사의 마산포교당에 사무소를 설치한 마산불교진흥원 남녀회원 600여명과 양산 통도사간에 분규가 발생하였다. 진흥회에서는 지난 20일 임시총회를 열고 양산 통도사와는 지금부터 일체의 관계를 단절하기로 결의되어 진흥회 간판까지 떼갔다. 그 내용을 들으면 마산 포교당 포교사 양대응 스님이 지난 해 3월경에 새로 부임한 이후에 신도들에게 신망을 받았다. 얼마전 양산 통도사에서 본말사 주지회의의 결의로 포교사 양대응 스님을 다른 포교당으로 전임이 결정되었다는 통지를 하였다. 이에 남녀신도가 서면으로 4번이나 양대응 스님의 유임을 해줄 것을 진정서를 내고 요구하였으나 허락하지 않고, 너무 고압적으로 600여명의 진흥회원의 의견을 무시하였다. 이번 양대응 포교사를 전임시키기로 결정한 것에 어떤 흑막이 있지 않느냐는 의혹 때문에 분규가 일어난 것이다. 양대응 포교사는 지난 15일 오후 10시 30분 차로 수백명 신도들의 전송 속에서 마산을 떠났다. (마산)

馬山佛教振興會

布教師留任運動

馬山佛教振興會와梁山通度寺間에서는지금으로부터十五年前부터깁흔關係를가지고佛教振興上互相不絕히有機的連絡을取하여오든바這間梁山通度寺로부터突然히馬山布教所에서布教師로在勤中이든梁大應氏를轉勤시킨다는通知가잇슴으로六百餘名의教徒는布教師梁大應氏를留任시키고저其間數三次이나梁山通度寺에交涉을하엿스나總會에서決定된것이니할수업다는理由로高壓的政策을取하야期於梁大應氏를轉勤시키고後任까지決定하엿다는바馬山佛教振興會側에서는教徒本位인布教師를採用치안코教徒全部의意思를無視한布教振興上直接間接莫大한影響을밋치게하고教理宣傳精神에背馳된다하야지난十二日에馬山佛教振興會事務所內에서緊急總會를開催하고長時間討議한結果當分間本末寺의態度如何에依하야今後一切連絡關係를斷絕키로決議하엿더라(馬山)

원문

馬山佛教振興會 布教師留任運動

馬山佛教振興會와梁山通度寺間에서는지금으로부터十五年前부터깁흔關係를가지고佛教振興上互相不絕히有機的連絡을取하여오든바這間梁山通度寺로부터突然히馬山布教所에서布教師로在勤中이든梁大應氏를轉勤시킨다는通知가잇슴으로六百餘名의教徒는布教師梁大應氏를留任시키고저其間數三次이나梁山通度寺에交涉을하엿스나總會에서決定된것이니할수업다는理由로高壓的政策을取하야期於梁大應氏를轉勤시키고後任까지決定하엿다는바馬山佛教振興會側에서는教徒本位인布教師를採用치안코教徒全部의意思를無視함은布教振興上直接間接莫大한影響을밋치게하고教理宣傳精神에背馳된다하야지난十二日에馬山佛教振興會事務所內에서緊急總會를開催하고長時間討議한結果當分間本末寺의態度如何에依하야今後一切連絡關係를斷絕키로決議하엿더라 (馬山)

해석

마산불교진흥회 포교사 유임 운동

마산불교진흥회와 양산 통도사 간에서는 지금으로부터 15년 전부터 깊은 관계를 가지고 불교진흥을 위하여 서로 계속 유기적으로 연락을 취해왔다. 그간 양산 통도사로부터 돌연히 마산포교소에서 포교사로 근무하고 있는 양대응(梁大應) 스님을 전근시킨다는 통지를 하였다. 600여명의 교도(教徒)는 포교사 양대응씨를 유임시키고저 그 간 3번이나 양산 통도사에 교섭을 하였다. 통도사에서는 총회에서 양대응 스님을 전근하고 후임까지 결정된 것이라 번복할 수 없다는 이유로 거절하였다. 마산불교진흥회 측에서는 신도들의 입장에서 포교사를 채용하지 않고, 신도 전부의 의사를 무시한 것은 포교진흥상 직접적 간접적으로 막대한 영향을 미치고, 교리선전 정신에 위배된다고 해서 지난 12일 마산불교진흥회 사무소에서 긴급총회를 열고 장시간 토의한 결과 당분간 본사와 말사의 태도에 따라 오늘 이후 일체의 연락관계를 단절하기로 결의하였다. (마산)

1929년 5월 5일

조선일보朝鮮日報(4면)

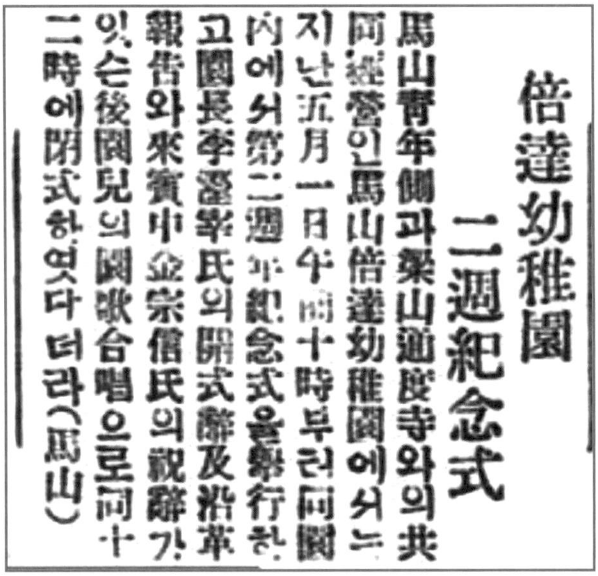

倍達幼稚園

二週紀念式

馬山靑年側과梁山通度寺와의共同經營인馬山倍達幼稚園에서는지난五月一日午前十時부터同園內에서第二週年紀念式을擧行하고園長李瀅宰氏의開式辭及沿革報告와來賓中金宗信氏의祝辭가잇슨後園兒의園歌合唱으로同十二時에閉式하엿다더라(馬山)

원문

倍達幼稚園 二週紀念式

馬山靑年側과梁山通度寺와의共同經營인馬山倍達幼稚園에서는지난五月一日午前十時부터同園內에서第二週年紀念式을擧行하고園長李瀅宰氏의開式辭及沿革報告와來賓中金宗信氏의祝辭가잇슨後園兒의園歌合唱으로同十二時에閉式하엿다더라 (馬山)

해석

배달유치원 2주 기념식

마산청년측과 양산 통도사와의 공동 경영인 마산 배달유치원에서는 지난 5월 1일 오전 10시부터 제 2주년 기념식을 거행하였다. 원장 이형재(李瀅宰)씨의 개회사와 연혁 보고와 내빈 중 김종신(金宗信)씨의 축사가 있었다. 원아(園兒)들의 원가(園歌) 합창 등으로 12시에 폐식(閉式)하였다. (마산)

1929년 7월 24일
매일신보每日申報(3면)

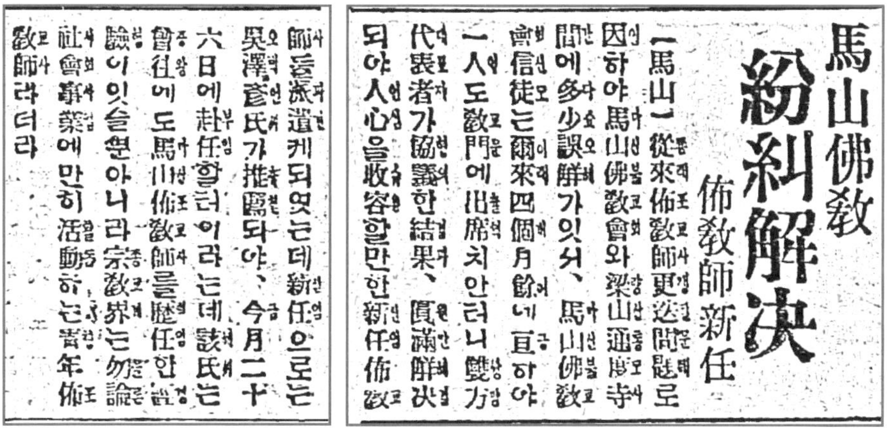

馬山佛教 紛糾解决

佈教師新任

「馬山」從來佈教師更迭問題로因하야馬山佛教會와梁山通度寺間에多少誤鮮가잇서、馬山佛教會信徒는爾來四個月餘에亘하야一人도教門에出席치안터니雙方代表者가協議한結果、圓滿解决되야人心을收容할만한新任佈教師를派遣케되엿는데新任으로는吳澤彦氏가推薦되야、今月二十六日에赴任할터이라는데該氏는曾往에도馬山佈教師를歷任한經驗이잇슬뿐아니라宗教界는勿論社會事業에만히活動하는靑年佈教師라더라

원문

馬山佛教 紛糾解决

佈教師新任

「馬山」從來佈教師更迭問題로因하야馬山佛教會와梁山通度寺間에多少誤鮮[1]가잇서, 馬山佛教會信徒는爾來四個月餘에亘하야一人도教門에出席치안터니雙方代表者가協議한結果,圓滿鮮決되야人心을收容할만한新任佈教師를派遣케되엿는데新任으로는吳澤彦氏가推薦되야,今月二十六日에赴任할터이라는데該氏는曾往에도馬山佈教師를歷任한經驗이잇슬뿐아니라宗教界는勿論社會事業에만히活動하는靑年佈教師라더라

1 誤解의 誤記로 보인다.

해석

마산불교 분규 해결

포교사 신임

「마산」 지금까지 내려온 그대로 포교사를 다시 보내는 문제로 인하여 마산불교회와 양산 통도사 간에 다소 오해가 있었다. 마산불교회 신도는 요즈음 4개월에 걸쳐 대표자가 협의한 결과대로 원만히 해결되어 신도들의 마음을 수용할 만한 신임 포교사를 파견하게 되었다. 신임으로는 오택언(吳澤彦) 스님이 추천되어 오는 26일에 부임한다고 한다. 택언 스님은 일찍부터 왕래하였고, 마산 포교사를 역임한 경험이 있을 뿐만 아니라 종교계는 물론 사회 사업에만 활동하는 청년포교사라 한다.

1929년 8월 10일

동아일보東亞日報(4면)

◇馬山【마산】재경성마산(馬山)류학생친목회에서는지난오일오후삼시에 마산부신뎡(馬山府新町)배달유치원(倍達幼稚園)내에서 림시총회를개최하고 각부보고를 마치고 좌긔사항을토의결뎡하얏다더라

一、夏休事業에關한件

一、在外馬山留學生學友會에關한件

一、在京馬山留學生親睦會男女學生分에關한件

원문

◇馬山【마산】재경성마산(馬山) 학생친목회에서는지난오일오후삼시에 마산부신뎡(馬山府新町)배달유치원(倍達幼稚園)내에서 림시총회를개최하고 각부보고를 마치고 좌긔사항을토의결뎡하얏다더라

一, 夏休事業에關한件
一, 在外馬山留學生學友會에關한件
一. 在京馬山留學生親睦會男女學生分에關한件

해석

【마산】재경성마산유학생친목회에서는 지난 5일 오후 3시에 마산부 신정[新町] 배달유치원(倍達幼稚園) 내에서 임시총회를 열어 각부의 보고를 마치고 아래의 사항을 토의 결정하였다.

1, 여름휴가 사업에 관한 건.
2. 재외마산유학생 학우회에 관한 건.
3. 재경마산유학생 친목회 남녀 학생 구분에 관한 건.

1929년 10월 28일
동아일보東亞日報(3면)

編物講習終了
이십오일에
【마산】 근우회마산지회에서는 지난십구일부터 배달유치원(倍達幼稚園) 내에서 편물강습회를열고 짜겻도 모자 바지등을 교수하든바 지난이십오일에 강습회를종료하얏다는데 일반강습생은 우수한성적을 나타내엇다더라
寫眞은 編物講習生一同

원문

編物講習終了 이십오일에

【마산】 근우회마산지회에서는 지난십구일부터 배달유치원(倍達幼稚園) 내에서 편물강습회를열고 짜겻도 모자 바지등을 교수하든바 지난이십오일에 강습회를종요하얏다는데 일반강습생은 우수한성적을 나타내엇다더라

寫眞은 編物講習生一同

해석

편물강습 종료 25일에

【마산】 근우회 마산지회에서는 지난 19일부터 배달유치원(倍達幼稚園) 내에서 편물강습회를 열고 짠 것도 모자, 바지 등을 교수하였다. 지난 25일에 강습회를 종료하였는데 일반 강습생들이 우수한 성적을 내었다고 한다.

사진은 편물강습생 일동이다.

양대응(1897~1968)

양대응은 한용운의 지령을 받고 온 오택언에게서 3·1운동 소식을 듣고 통도사의 만세운동을 기획하였다. 그는 1911년 15세에 통도사로 출가하여 오택언과는 동갑이었고 지방학림과 불교전문 강원의 동기생이기도 하였다.[1]
만세운동으로 도피하던 중 1922년 3월에는 친일승려 용주사 주지 강대련을 몰아내고자 했던 이른바 '鳴鼓逐出' 사건을 주동하였다. 이 일로 5개월의 옥고를 치러야 했다. 1926년에는 통도사 울산포교당[현 울산 중구 북정동, 해남사]의 포교사로서 울산불교청년회를 조직하였다.[2]
1945년 광복 후 통도사의 초대 주지를 맡았고, 현재의 보광중학교를 설립하기도 하였다. 1968년 2월 28일 양산시 물금 용화사에서 입적하였다. 2010년 통도사 3·1운동 등의 공훈으로 대통령 표창을 받았다. (한상길, 「통도사와 표충사의 3·1운동」, 『한국불교학』 88집, 2018.11, 217쪽)

1 「고 양만우 통도사 초대 주지승, 독립유공 인정」, 〈뉴시스〉(2010. 3. 11), https://news.naver.com/main/read.nhn?mode=LSD&mid=sec&sid1=102&oid=003&aid=0003130884(2018. 5. 17)

2 해남사 주지 남현스님 증언, BBS울산불교방송 [아침저널] 3부, http://news.bbsi.co.kr/news/articleView.html?idxno=783189(2018. 5. 21)

III

1930년대

倍達幼稚園 學藝會盛況

마산배달유치원에서는지난삼일

오후닐곱시반부터 구마산수좌(舊馬山壽座)에서제삼회학예회를개최하엿는바 정각전부터 운집하는자모(慈母)들로대만원을일운중원장리형재(園長李亨宰)씨의개회사를비롯하야천진란만한 일백오십여명의 아희들의뛰고웃고춤추고노래하는귀여운노리는 일반관중으로하여금 열광적박수를하게하엿스며마산공립보통학교위재학(馬山公立普通學校訓導)선생의아동교육(兒童敎育)에대한 의미심장한강화(講話)는일반자모로하여금아동양육에대한절실한감동(感動)을주엇스며 순서가뭇난동 열시반에폐회하엿다더라(마산)

◇同情金 金二十圓 栗山通度寺主持一同

1930년 3월 7일
조선일보朝鮮日報(3면)

원문

倍達幼稚園 學藝會盛況

마산배달유치원에서는지난삼일오후닐곱시반부터 구마산수좌(舊馬山壽座)에서제삼회학예회를 개최하엿는바 정각전부터 운집하는자모(慈母)들로대만원을일운중원장리형재(園長李瀅宰)씨의개회사를비롯하야천진란만한 일백오십여명의 아희들의쒸고웃고춤추고노래하는귀여운노리는 일반관중으로하여금 열광적박수를하게하엿스며마산공립보통학교위재학(馬山公立普通學校魏在鶴) 선생의아동교육(兒童敎育)에대한 의미심장한강화(講話)는일반자모로하여금아동양육에대한절실한감동(感動)을주엇스며 순서가긋난동 열시반에폐회하엿다더라 (마산)

◇ 同情金 金二十圓 梁山通度寺主持[1]一同

해석

배달유치원 학예회 성황

마산배달유치원에서는 지난 3일 오후 7시 반부터 구(舊) 마산(馬山) 수좌(壽座)에서 제3회 학예회를 열었다. 시작 전부터 운집하는 자모(慈母)들로 대만원이었다. 원장(園長) 이형재(李瀅宰)씨의 개회사, 천진난만한 150여명의 아이들이 뛰고, 웃고, 춤추고, 노래하는 모습은 모든 관중들로 하여금 열광적인 박수를 치게 하였다. 마산공립보통학교(馬山公立普通學校) 위재학(魏在鶴) 선생의 아동교육(兒童敎育)에 대한 의미심장한 강의는 모든 자모들로 하여금 아동 양육에 대한 절실한 감동(感動)을 주었다. 공연을 모두 마치고 10시 30분에 마쳤다.(마산)

◇ 동정금(同情金) 금 20원 양산 통도사 주지 일동

1 住持의 誤記이다.

倍達幼稚園 增築을計劃

리사회결의

【마산】마산배달유치원은설립된지만삼개년동안 양산통도사(梁山通度寺)와당지리우식(李祐植)리상만(李相滿)외 유지제씨의특별한후원알에서발전되어감으로매년일백오십여명의아동을수용하게되나 유희실과보육실이협착하야 경영자 제씨는늘걱정하야오든바지난오일에그유치원리사회에서공사비일천오백원예산으로유희실과사무실기타숙직실을 증축하기로 결의하얏다는데그중축의실현은사회유지제씨의동정유무에 잇스리라한다

1930년 3월 9일
동아일보東亞日報(3면)

원문

倍達幼稚園 增築을計劃

리사회결의

【마산】 마산배달유치원은설립된지만삼개년동안 양산통도사(梁山通度寺)와 당지리우식(李祐植)리상만(李相滿)외 유지제씨의특별한후원알에서발전되어감으로매년일백오십명의아동을수용하게되나 유희실과보육실이협착하야 경영자제씨는늘걱정하야오든바지난오일에그유치원리사회에서공사비일천오백원예산으로유희실과 사무실기타숙직실을 증축하기로 결의하얏다는데그증축의실현은사회유지제씨의동정유무에 잇스리라한다

해석

배달유치원 증축을 계획

이사회 결의

【마산】 마산배달유치원은 설립된지 만 3년 동안 양산통도사(梁山通度寺)와 마산의 이우식(李祐植) 이상만(李相滿) 외 유지들의 특별 후원으로 발전을 하였다. 매년 150명의 아동을 수용하게 되어 놀이실과 보육실이 작고 협소하여 경영자들이 늘 걱정하였다. 지난 5일에 유치원 이사회에서 공사비 1500원 예산으로 놀이실, 사무실, 숙직실을 증축하기로 경의하였다. 그 증축의 실현은 사회 유지들의 동정이 있어야 가능하다.

倍達幼稚園

園舍를擴張

마산배달유치원은사년전에마산사회측과량산통도사(梁山通度寺)와공동경영으로마산아동교육의 중견세력을 가첫슴은아니라 경남의유일한 유치원으로원장형재(李瀅宰)씨와원감리상만(李相滿)씨의부단한노력으로현재약원아오십명의원아(園兒)를수용하야 원래원장으로 발전되어가는바 나날히 입원지원자가격증되어 원아의 수용에곤지안흔고로금번가지께되어오래전부터원사증축문제로 원 당국에서는부단히 그대책을 강구중이든바지난오일 오후 두시부터동유치원사무실에서 처음회리사회(理事會)를리사장송치권(宋致權)씨사회로 개최하고 소화사년도결산보고와 래년도 예산안중인원칙개정(園則改正)원사증축동사항을 토의결정한후 동여섯시반에 폐회하엿다는바 일반은유치원의발전에대하야장래적지안흔긔대를가첫슴은아니라원장원감두선생의부단한성의와무렴한노력에무한한감사를표한다더라

(마산)

1930년 3월 10일
조선일보朝鮮日報(4면)

원문

倍達幼稚園 園舍를 擴張

마산배달유치원은사년전에마산사회측과량산통도사(梁山通度寺)와공동경영으로마산아동교육의 중견세력을 가젓슬뿐아니라 경남의유일한유치원으로원장 리형재(李瀅宰)씨와 원감 리상만(李相滿)씨의부단한노력으로 현재 약일백오십명의 원아(園兒)를수용하야 일취월장으로 발전되어가는바 나날히 입원지원자가 격증되어 원아의 수용에적지안흔고통을가지게되어 오래전부터원사증축문제로 원 당국에서는부단히 그대책을 강구중이든바 지난오일 오후 두시부터동유치원사무실에서 제육륙회리사회(理事會)를 리사장송치권(宋致權)씨사회로 개최하고 소화사년도결산보고와 래년도 예산안중인원칙개정(園則改正)원사증축동사항을 토의결정한후 동여섯시반에 폐회하엿다는바 일반은유치원의발전에대하야장래적지안흔긔대를가젓슬뿐아니리원장원감두선생의부단한성의와 무섬한노력에무한한감사를표한다더라 (마산)

해석

배달유치원 원사(園舍)를 확장

마산 배달유치원은 4년 전에 마산 사회 측과 양산 통도사와 공동으로 경영하는 마산 아동교육의 중견세력을 가졌을 뿐만 아니라 경남의 유일한 유치원이다. 원장 이형재(李瀅宰)씨와 원감 이상만(李相滿)씨의 부단한 노력으로 현재 약 150명의 원아(園兒)를 수용해서 일취월장으로 발전하고 있다.
입원 지원자가 더욱 늘어나서 원아의 수용에 많은 어려움이 있어서 오래 전부터 원사 증축문제로 부단히 그 대책을 강구해왔다. 지난 5일 오후 2시부터 유치원 사무실에서 제6회 이사회를 이사장 송치권(宋致權)씨 사회로 열었다. 소화4년도 결산 보고와 내년도 예산안, 원칙개정(園則改正), 원사 증축 등의 사항을 토의 결정한 후 6시 30분에 마쳤다. 일반 사람들은 유치원의 발전에 대하여 장래의 많은 기대를 가졌다. 이사장, 원감 두 선생님의 지속적인 성의와 왕성한 노력에 무한한 감사를 표하였다. (마산)

1930년 3월 26일

조선일보朝鮮日報(6면)

各學校卒業式

馬山學校卒業

▲倍達幼稚園＝마산사립
배달유치원에서는 지난 십팔일
오전열한시부터 동유치원 내에
서제삼회 졸업식을 거행하엿고

원문

各學校卒業式 馬山學校卒業

▲倍達幼稚園= 마산사립배달유치원에서는 지난 십팔일오전열한시부터 동유치원 내에서제삼회 졸업식을 거행하엿고 …

해석

각 학교 졸업식 마산학교 졸업

▲배달유치원= 마산 사립 배달유치원에서는 지난 18일 오전 11시부터 제3회 졸업식을 거행하였다. …

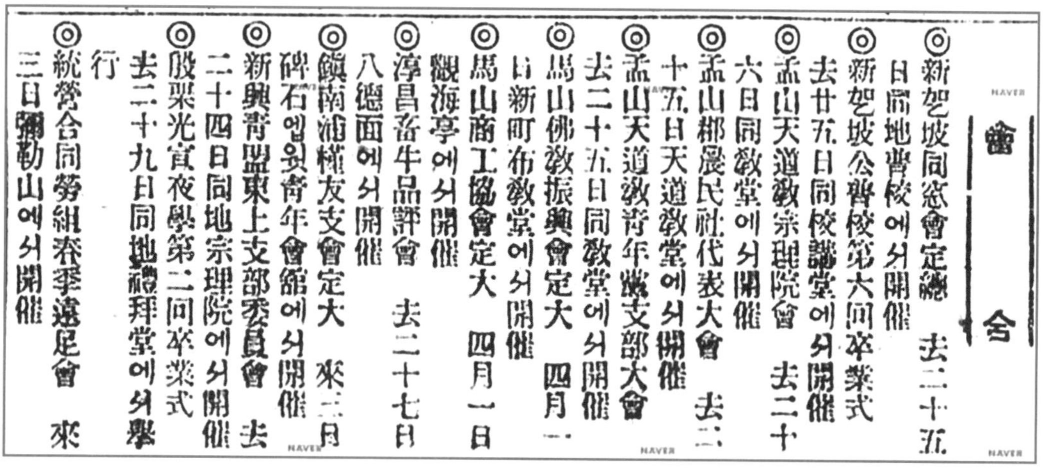

會合

◎新架坡同窓會定總 去二十五日同地普校에서開催

◎新架坡公普校第六回卒業式 去廿五日同校講堂에서開催

◎孟山天道教宗理院會 去二十六日同教堂에서開催

◎孟山郡農民社代表大會 去二十五日天道教堂에서開催

◎孟山天道教靑年黨支部大會 去二十五日同教堂에서開催

◎馬山佛教振興會定大 四月一日新町布教堂에서開催

◎馬山商工協會定大 四月一日觀海亭에서開催

◎淳昌畜牛品評會 去二十七日八德面에서開催

◎鎭南浦椎友支會定大 來三日碑石엡워靑年會館에서開催

◎新興靑盟東上支部委員會 去二十四日同地宗理院에서開催

◎殷栗光宣夜學第二回卒業式 去二十九日同地禮拜堂에서擧行

◎統營合同勞組春季遠足會 來三日彌勒山에서開催

원문

會合

◎馬山佛教振興會定大 四月一日 新町布教堂에서開催

해석

회합

◎ 마산 불교진흥회 정기대회 4월 1일 신정(新町)의 포교당에서 열었다.

昭和八年四月三十日 (日曜) 東亞日報 第四千四百四十五號 (三)

會社側買價에對抗
地主會賣價發表
長津江水電用地問題

世人注目裡에
執行委員會

要求貫徹아니된다면
收用令適用도不辭
二萬住民의死活問題

一審無罪를飜覆
懲役六年의判決
鎭南浦殺妻事件後聞

鰮搾粕使用
慶南道에서奬勵

釜山主日學校
聯合運動會

携刀한狂人
路上에서亂舞
數時間만에逮捕

萬圓을突破

林下島附近서
鶴丸이坐礁

닭의遭難

元山市下川竣工式

全州崇德學院
印昌植氏經營

布教堂에强盜

平壤基督青年會館

移轉

五萬株植樹

農漁村救濟
指導村落設置

自動車에
少年이轢傷

韓圭相氏特志
女子夜學寄附

長篇小說 흙
春園 作
青田 畵

梅瘡丸

淋疾

말더듬이

京城簿記學院

高價買入 金銀 地金 分析 賣買 杉山商會

高價買入 京城德力

獨逸純染料 硫化黑染料 晒原粉料
三宅染料合資會社

金澤商店

技術留意
印刷鮮明 美術彫刻
光文堂印舖
鄭文澤

1933년 4월 30일
동아일보東亞日報(3면)

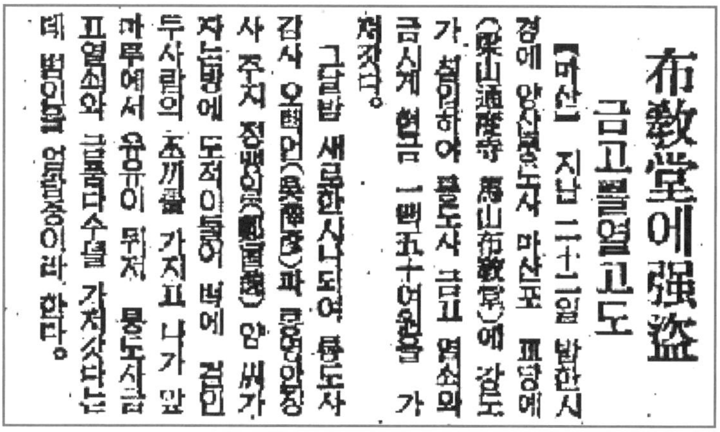

布教堂에强盜

금고를열고도

【마산】 지난 二十二일 밤한시경에 양산통도사 마산포교당에(梁山通度寺 馬山布教堂)에 강도가 침입하야 통도사 금고 열쇠와 금시게 현금 一백五十여원을 가저갓다.

그날밤 새로한시나되여 통도사 감사 오택언(吳澤彦)과 통영안정사 주지 정맹일(鄭盲逸) 양 씨가 자는방에 도적이들어 벽에 걸인 두사람의 조끼를 가지고 나가 압마루에서 유유이 뒤저 통도사 금고열쇠와 금품다수를 가저갓다는데 범인을 엄탐중이라 한다。

원문

布教堂에强盜

금고를열고도

【마산】 지난 二十二일 밤한시경에 양산통도사 마산포교당에(梁山通度寺 馬山布教堂)에 강도가 침입하야 통도사 금고 열쇠와 금시게 현금 一백五十여원을 가져갓다.
그날밤 새로한시나되여 통도사 감사 오택언(吳澤彦)과 통영안정사 주지 정맹일(鄭盲逸) 양 씨가 자는방에 도적이들어 벽에 걸인 두사람의 조끼를 가지고 나가 앞마루에서 유유이 뒤저 통도사 금고열쇠와 금품다수를 가저갓다는데 범인을 엄탐중이라 한다.

해석

포교당에 강도

금고를 열고도

【마산】 지난 22일 밤 1시경에 양산 통도사 마산 포교당에 강도가 침입하여 포교당 금고 열쇠와 금시계, 현금 150여 원을 가져갔다.
그날 밤 1시쯤 통도사 감사 오택언(吳澤彦)과 통영 안정사 주지 정맹일(鄭盲逸) 양씨가 자는 방에 도둑이 들어와 벽에 걸린 두 사람의 조끼를 가지고 나가 앞마루에서 유유히 뒤져 통도사 금고 열쇠와 금품 다수를 가져갔다는데 범인을 수색 중이라고 한다.

1934년 1월 28일

동아일보東亞日報(5면)

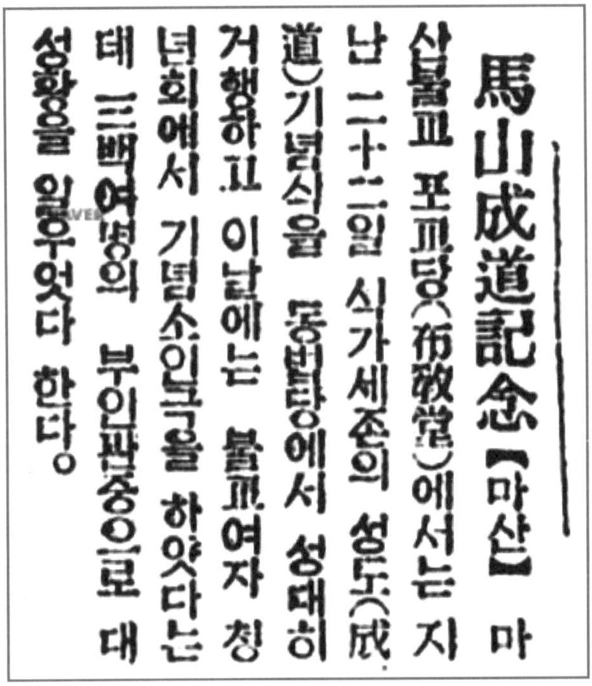

馬山成道記念

【마산】 마산불교 포교당(布敎堂)에서는 지난 二十二일 석가세존의 성도(成道)기념식을 동법당에서 성대히 거행하고 이날에는 불교여자 청년회에서 기념소인극을 하얏다는데 三백여명의 부인관중으로 대성황을 일우엇다 한다。

원문

馬山成道記念

【마산】 마산불교 포교당(布敎堂)에서는 지난 二十二일 석가세존의 성도(成道)기념식을 동법당에서 성대히 거행하고 이날에는 불교여자 청년회에서 기념소인극을 하얏다는데 三백여명의 부인관중으로 대성황을 일우엇다 한다.

해석

마산 성도 기념

【마산】 마산불교포교당(布敎堂)에서는 지난 22일 석가세존의 성도(成道)기념식을 동법당에서 성대히 거행하였다. 이날에는 불교여자청년회에서 기념 소인극을 하였는데 300여 명의 부인들이 모여 대성황을 이루었다.

1934년 9월 15일
조선중앙일보朝鮮中央日報(8면)

馬山의佛教堂
兩派對立紛糾
【馬山】마산부신정에잇는양산통도사표교당에서는법사(法師)를중심하야 교도분쟁을거듭하야오든중 드듸어 법사(法師)의 배척운동과 옹호운동이표면화하야 류임진정을 하느니전권위원을 파견하느니 교당의부처님아페서 풍파를 야기하는등의 불계(佛界)의전에업는불상사를일으키고잇다한다

원문

馬山의 佛教堂 兩派對立紛糾

【馬山】 마산부신정에잇는양산통도사표교당에서는법사(法師)를중심하야 교도분쟁을거듭하야오든중 드듸어 법사(法師)의 배척운동과옹호운동이표면화하야 류임진정을 하느니전권위원을 파견하느니 교당의부처님아페서 풍파를 야기하는등의 불계(佛界)의전에업는불상사를일으키고 잇다한다

해석

마산의 불교당 양파 대립 분규

【마산】 마산부 신정에 있는 양산 통도사 포교당에서 법사(法師)를 중심으로 분쟁을 거듭하여 왔다. 드디어 법사(法師)의 배척 운동과 옹호 운동이 표면화되었다. 유임해서 진정시키느냐 전권위원을 파견하느냐 하면서 부처님 앞에서 풍파를 이야기 하는 등 불교계의 전에 없는 불상사를 일으키고 있다.

佛敎布敎師와 住持가 大喜樂禪定實行

有夫女姦通하다가發見檢束

痛嘆할僧侶의風紀

【馬山】旣報한馬山布敎師金守植은曾前부터佛供하는女子덜에게不正한秋波를頻送하야佛敎界에잇서서 一大惡影을밋치게함으로馬山佛敎振興會에서嚴重監視하는中今回眞狀이暴露되엿슴으로二十日振興會臨時總會를開催金守植의膺懲策을討議中이라한다

科目	時間	
郡守의訓示	一時	
行政法	六時	郡
邑面制	五時	道
農地令	三時	內

1934년 11월 21일

매일신보每日申報

원문

佛教布教師와住持가大喜樂禪定實行

有夫女姦通하다가發見檢束

痛嘆할僧侶의風紀

【馬山】旣報한馬山布教師金守植은曾前부터佛供하는女子덜에게不正한秋波를頻送하야佛教界에잇서서一大惡影을밋치게함으로馬山佛教振興會에서嚴重監視하는中今回眞狀이暴露되엿슴으로二十日振興會臨時總會를開催金守植의膺懲策을討議中이라한다

해석

불교포교사와 주지가 대희락 선정 실행

유부녀 간통하다가 구속

통탄할 승려의 풍기

【마산】 이미 보고한 마산 포교사 김수식(金守植)은 일찍부터 불공하는 여자들에게 부정한 추파를 자주 보냈다. 불교계에 큰 악영향을 미치게 함으로 마산불교진흥회에서 엄중히 감시하던 중 오늘 진상이 폭로되어 20일 진흥회 임시총회를 열고 김수식의 응징책을 토의 중이다.

馬山佛教振興會

膺懲策을講究

廿日臨時總會開催

【馬山】本月十五日夜馬山慶南旅館에서通度寺馬山布教師金守植은馬山府新町金順蓮(有夫女)과同宿하고昌原郡內西面匡山寺住持金東旭은新町朴月仙(有夫女)과同宿하다가行巡査에게發見되여僧侶二名은即時檢束한바三界指導의重責을지고出身한僧侶로서이가티漁色에從事함은痛嘆할일이라한다

江陵關係官民數百臨席下에 上樑式을擧行하얏다 그런대이建物은明年三月末이竣工期이라하나萬一工事가이대로進陟된다면年內에竣工될지도알수업다하며完成이된後라면建物에宏大한것이라든지構造의完全한것이라든지아마今日까지에잇서서는代表的建物이라云謂하야可하겟다

雲山面議員選

1934년 11월 21일

매일신보每日申報

원문

馬山佛教振興會 膺懲策을 講究

廿日臨時總會開催

【馬山】本月十五日夜馬山慶南旅館에서通度寺馬山布教師金守植은馬山府新町金順連(有夫女)과同宿하고昌原郡內西面匡山寺住持金東旭은新町朴月仙(有夫女)과同宿하다가行巡順査에게發見되여僧侶二名은卽是檢束한바三界指導의重責을지고出身한僧侶로서이가티漁色에從事함은痛嘆할일이라한다

해석

마산불교진흥회 응징책을 강구

20일 임시총회 개최

【마산】15일 밤 마산 경남여관(慶南旅館)에서 통도사 마산포교사 김수식(金守植)은 마산부 신정(新町)의 김순련(유부녀)과 같이 자고, 창원군 내서면 광산사 주지 김동욱(金東旭)은 신정의 박월선(유부녀)과 동숙하다가 순행순사에게 발견되어 승려 2명은 즉시 구속하였다. 삼계 도사의 중책을 가지고 출가한 승려로서 이같이 여색에 매달리는 것은 통탄할 일이다.

卅萬圓賞與金바람에 平壤市街도 풍성풍성
各官公署와會社에서는戰時狀態이나
보기만해도가난한貧民村

鍍金한金부치로 明紬와現金騙取
虛慾을도다 박귀가진兩人은
어대로인지潛跡

密輸品運搬의 勞働者救濟
授産場을擴大授業

◇…刺繡講習會員一同

洞民意思를無視한 區長任命에憤慨
十二代表와百五十餘名洞民이
邑當局을訪問陳情

馬山布敎堂에 波瀾이疊出
布敎堂에는人影杜絶

죽은사람을利用하야 保險에加入詐欺
三年동안死亡申告만한새에
發覺되어檢事局에

돈떼긴姦夫가 本夫걸어告訴

流行性感冒猖獗 患者五萬을突破
平南道內의最近集計

賭博團을打盡

農民訓練所의 寄宿舍等落成

小洋貨建流通禁止 商界에影響이多大

罷業한고무職工들 協同陣營을編成
工場側의態度依然强硬으로
妥協點은아직渺然

떠나가는사람 보내는사람들

크리스마스압두고 平壤各團體集會
各派數萬名男女敎徒總出動

海州漁組의役員

嚴冬과春窮을압두고 벌서부터食糧은絶乏
束手無策하야道當局에救濟를陳情할뿐
目不忍見인聞慶郡下의慘景

海上颱風으로 發動船大破
五名의漁夫溺死

公金橫領하야 逵飛한面書記

扶安公普職員 文盲退治運動

穀鄕의平澤에는 倉庫마다貯藏米
時價의九割까지를融通하고
豫定보다七千叺增加

果樹剪定技術 檢定試驗施行

모히中毒者가 中毒者를打殺

守節하는寡婦 不義의씨를배

밥에양잿물타서 어린男便을謀殺
日的을일우지못하고
性的不滿이原因

1934년 12월 24일

조선중앙일보朝鮮中央日報

馬山布敎堂에 波瀾이疊出

問題의法師는갈려갓스나 布敎堂에人影杜絶

【馬山】 마산부신정(新町)에 잇는양산통도사(梁山通度寺)마 산포교당(布敎堂)에는 오래전 부터 법사(法師)를 중심하야배 척과 옹호량파로 진흥회(振興 會)불교 녀자청년회(佛敎女靑) 탄진계(誕辰契)등단체로 분파 대립 되여 교도끼리반목 질시 (反目嫉視)의 가진 추상을 연 출해 가면서 쟁투와 파란을거 듭해오다가 요즈음 와서어면비 행사건으로 문제의 법사가 갈 리가고 신임법사가 부임되여오 자 배척파의 승리를엇게되여그 세를 올니는등에 완화되리라고 하든 분규는 더욱 악화 되기시 작하야 비행사건으로 세간의비 난과 의혹을 사고잇는 포교당 에 젊은 녀자들이 출입할수업 다는것과 진흥회 간부의 총사 직을 요구하고 신도전체가뽀이 코ー트를 단행하야 매주일하는 법회(法會)에도 신도한사람이 오지안허 포교당에는 신도의그 림자가 끈허저 포교당은 장차 로 폐문케된 비경(悲境)에까지 빠지어잇서 본말산(本末山)에 서 조정위원(調停委員)이 파견 되여 쌍방화협에 조정노력중이 나 량파의 대립분규는 갈사록 격화될뿐이라한다

원문

馬山布敎堂에 波瀾이疊出

問題의法師는갈려갓스나
布敎堂에人影杜絶

【馬山】마산부신정(新町)에잇는양산통도사(梁山通度寺)마산포교당(布敎堂)에는 오래전부터 법사(法師)를 중심하야배척과 옹호량파로 진흥회(振興會) 불교 여자청년회(佛敎女靑) 탄진계(誕辰契)등단체로 분피 대립 되여 교도끼리반목 질시(反目嫉視)의 가진 추상을 연출해 가면서 쟁투와 파란을

해석

마산포교당에 파란이 거듭 나타남

문제의 법사는 바뀌었으나
포교당에 사람의 그림자가 없다

【마산】 마산부 신정(新町)에 있는 양산 통도사 마산포교당에는 오래 전부터 법사(法師)를 중심으로 배척파과 옹호파로 나뉘어 진흥회(振興會), 불교여자청년회(佛敎女靑), 탄진계(誕辰契) 등 단체로 분파 대립되어 교도들끼리 반목과 질시를 가지고 부끄러운 방법을 연출하면서 투쟁과 파란을 거

거듭해오다가 요즈음 와서어떤비행사건으로 문제의 법사가 갈려가고 신임법사가 부임되여오자 배척파의 승리를엇게되여긔세를 올니는 통에 완화되리라고 하든 분규는 더욱 악화 되기 시작하야 비행사건으로 세간의비난과 의혹을 사고잇는 포교당에 젊은 녀자들이 출입할수업다는것과 진흥회 간부의 총사직을 요구하고 신도전체가뽀이코-트를 단행하야 매주일하는 법회(法會)에도 신도한사람이 오지안허 포교당에는 신도의그림자가 끈허저 포교당은 장차로 폐문케될 비경(悲境)에까지 빠지여잇서 본말산(本末山)에서 조정위원(調停委員)이 파견되여 쌍방화협에 조정노력중이나 량파의 대립분규는 갈사록 격화될뿐이라한다

듭해 왔다. 요즈음 어떤 비행 사건으로 문제의 법사가 나가고 신임법사가 부임하자 배척파가 승리를 하자 그 여세를 부리는 통에 완화되리라 기대하던 분규가 더욱 악화되기 시작하였다. 그 이유는 비행 사건으로 세간의 비난과 의혹을 사고 있는 포교당에 젊은 여자들이 출입할 수 없다는 것, 진흥회 간부의 총사직을 요구하고 신도 전체가 보이콧을 단행하였다. 매 주일하는 법회(法會)에도 포교당에 신도가 한 사람도 오지 않는다. 포교당에 신도가 오지 않으면서 문을 닫게 될 슬픈 상황에 빠졌다. 본사와 말사에서 조정위원(調停委員)이 파견되어 쌍방화협을 조정노력 중인데 양파의 대립 분규는 갈수록 격화될 뿐이다.

1936년 2월 25일
동아일보東亞日報(4면)

원문

布教教育注力 通度寺의事業

【마산】 조선불찰대종파인 통도본말사(通度本末寺)에서는 각사중요간부 五十여명이 마산불교포교당에 회합하야 지난十九일부터 四일간 주지회의를 거처 제十三회결산총회를 열고 통도사주지 김경봉(金鏡峯)씨의 사회하에서 과년도본말사세입출심리, 의안청치, 교육사업, 포교사업, 교학심리회칙통과, 의무금, 종회원보결선거 사무강습 등 다수의제를 심의하고 포충사분규에 관한건은 시비양파에 간예치안은 제三자로 초대게석법에 의하야 주지를 선임하기로 결의하고 도청당국에 교섭위원 김경봉, 장호운, 오관수, 조봉호제씨를 선거하고 종회원보선은 김덕구씨가 당선되엇다. 사업시설에 대하야는 포교와 교육에 일층 주력하기로 하야 본년도 포교비八천七백四十여원과 교육비四천八十원을 결정하엿는데 교육비는 일본유학생六인과 경성유학생二인에 다분지출이고 기여는 사회방면으로 마산배달유치원등 자선사업에 기부하리라한다.

해석

포교 교육 주력, 통도사의 사업

【마산】 조선불찰대종파인 통도본말사(通度本末寺)에서는 각 사찰 중요 간부 50여명이 마산 불교포교당에 회합하였다. 지난 19일부터 4일간 주지회의를 거처 제13회 결산총회를 열고 통도사 주지 김경봉(金鏡峯)의 사회로 작년 본말사 세입출 심리, 의안 청취, 교육 사업, 포교 사업, 교학 심리, 회칙 통과, 의무금, 종회원 보결선거, 사무 강습 등 다수의 의제를 심의하였다. 표충사 분규에 관한 건은 시비 양파에 관여하지 않은 제3자를 초대해 부처님의 법에 의해 주지를 선임하기로 결의하였다. 도청 당국의 교섭위원은 김경봉 스님, 장호운 스님, 오관수 스님, 조봉호 스님 등을 뽑았다. 종회원 보선은 김덕구 스님이 당선되었다. 사업 시설에 대해서는 포교와 교육에 더욱 주력하기로 하고, 금년도 포교비 8,740여원과 교육비 4,080원을 결정하였다. 교육비는 일본 유학생 6명과 경성 유학생 2명에 나누어 지출하고 그 나머지는 사회 방면으로 마산배달유치원 등 자선사업에 기부한다.

火葬場改修

馬山佛教振興會

【마산】 마산부민의 대부분이 사용하고잇는 무학산(舞鶴山)밑 범바위(虎岩)공동묘지는 그면적이 상당히 광대하나 묘지령(墓地令)이 실시된 이래로 어느듯 二十여년간을 지낫으므로 협착하여젓다.

그래서 수년전에 부를 확장하얏으되 그것도 어느듯 좁아저서 이대로둘수없다하야 약十여년전 마산불교진흥회(馬山佛敎振興會)에서 자산동(玆山洞)뒷산중복에다 화장장을 설치경영한 일이 잇엇으나 다시 六七년이래로 사용하는이가 없어짐과 동시에 건물은 풍마우세에 자연 동경서사(東傾西斜)하야 버렷다. 이에 장차 조선사람들도 화장하는 수가 점점 증가하리라는것이 착목한 동진흥회에서는 얼마전에 회합한결과 동화장장을 수축키로 결정하고 비용으로 위선 二백원을 기채키로 하엿다 한다.

1936년 4월 19일
동아일보東亞日報(4면)

원문

火葬場改修 馬山佛教振興會

【마산】 마산부민의 대부분이 사용하고잇는 무학산(舞鶴山)밑 범바위(虎岩)공동묘지는 그면적이 상당히 광대하나 묘지령(墓地令)이 실시된 이래로 어느듯 二十여년간을 지냇으므로 협착하여젓다.

그래서 수년전에 一부를 확장하얏으되 그것도 어느듯 좁아저서 이대로둘수없다하야 약十여년 전 마산불교진흥회(馬山佛教振興會)에서 자산동(玆山洞) 뒷산중복에다 화장장을 설치경영한 일이 잇엇으나 다시 六七년이래로 사용하는이가 없어짐과 동시에 건물은 풍마우세에 자연 동경서사(東傾西斜)하야 버렷다. 이에 장차 조선사람들도 화장하는 수가 점점 증가하리라는것이 착목한 동진흥회에서는 얼마전에 회합한결과 동화장장을 수축키로 결정하고 비용으로 위선 二백원을 기채키로 하엿다 한다.

해석

화장장 개수 마산불교진흥회

【마산】 마산부민의 대부분이 사용하고 있는 무학산(舞鶴山) 밑의 범바위(虎岩) 공동묘지는 그 면적이 상당히 넓지만 묘지령(墓地令)이 실시된 이래로 20여년이 지나면서 협소하게 되었다. 그래서 몇 년 전에 일부를 확장하였으나 그것도 좁아져서 그냥 둘 수 없어 약 10여년 전 마산불교진흥회(馬山佛教振興會)에서 자산동(玆山洞) 뒷산 중턱에 화장장을 설치해서 경영하였으나 6-7년 사이에 사용하는 이가 없어서 건물은 세월에 의해 기울어지고 무너졌다. 앞으로 조선 사람들도 화장하는 수가 점점 증가할 것이라는 것을 살펴본 진흥회에서 얼마 전에 회합한 결과 화장장을 수축하기로 결정하고 비용으로 우선 2백원의 빚을 내기로 하였다.

四、相當한 移轉事業을 開始할 때까지는 汀灘港에있어 事業經營을하게할것

佛誕奉祝과 大講演會

馬山佛敎界總動

【馬山】 불종(佛宗)석가여래가 二천九백六十三년전 음四월초八일에 이세상에 탄생하였으므로 이날을 의미있게기념하기위하야 마산불교진흥회(馬山佛敎振興會) 마산불교여자청년회(馬山佛敎女子靑年會)양산통도사마산포교당(梁山通度寺馬山布敎堂)주최마산불교보살회(馬山佛敎菩薩會)후원으로 마산불교포교당에서 불탄봉축을 보다더한층 성대히 거행하리라는데 불교각단체에서는 벌서부터 제반준비에 분망중이라하며 이날은배달유치원아(倍達幼稚園兒)들의 천진난만한유희와 여자청년들의 독창합창과 흥미있는여흥이있으며 밤에는 불교신자총동원으로 마산악대를 선두에세우고 제등행렬을지어 불야성마산을이루리라하며 뒤이어 불교대강연이 열릴이라는바 연제와 연사는다음과갈다한다

삶(生)의價値란무엇이냐? 權永漢氏——佛敎傳道師

聖中聖 朴大治氏——佛敎布敎師

1936년 5월 25일
조선중앙일보朝鮮中央日報(4면)

원문

佛誕奉祝과 大講演會

馬山佛教界總動

【馬山】 불종(佛宗)석가여래가二천九백六十三년전 음四월초八일에 이세상에 탄생하였으므로 이날을 의미있게기념하기위하야 마산불교진흥회(馬山佛教振興會) 마산불교여자청년회(馬山佛教女子青年會)양산통도사마산포교당(梁山通度寺馬山布教堂)주최마산불교보살회(馬山佛教菩薩會)후원으로 마산불교포교당에서 불탄봉축을 보다더한층 성대히 거행하리라는데 불교각단체에서는 벌서부터 제반준비에 분망중이라하며 이날은배달유치원아(倍達幼稚園兒)들의 천진난만한유희와 여자청년들의 독창합장과 흥미있는여흥이있으며 밤에는 불교신자총동원으로 마산악대를 선두에세우고 제등행렬을지어 볼야성마산을이루이라하며 뒤이어 불교대강연이 열릴이라는바 연제와 연사는다음과같다한다

삶『生』의價値란무엇이야? 崔永漢氏－佛教傳道師
聖中聖 朴大治氏－佛教布教師

해석

불탄 봉축과 대강연회

마산불교계 총동

【마산】 부처님의 종교는 석가여래가 2,963년 전 음력 4월 8일에 이 세상에 탄생하셨으므로 이 날을 의미있게 기념하기 위한 날이다. 마산불교진흥회(馬山佛教振興會), 마산불교여자청년회(馬山佛教女子青年會), 양산 통도사 마산포교당(馬山布教堂)이 주최하고, 마산불교보살회(馬山佛教菩薩會)의 후원으로 마산불교포교당에서 불탄 봉축을 보다 더 성대히 거행하려고 불교 각 단체에서는 벌써부터 여러 준비에 바쁘다. 이날은 배달유치원(倍達幼稚園) 아이들의 천진난만한 유희와 여자 청년들의 독창과 합장, 흥미 있는 여흥이 있었다. 밤에는 불교신자 총동원으로 마산악대를 선두에 세우고 제등행렬을 하여 불야성 마산을 밝혔다. 행렬이 끝나고 불교대강연이 열렸는데 제목과 연사는 다음과 같다.

삶(生)의 가치란 무엇인가? 최영한(불교전도사)
성인 중의 성인 박대치(불교포교사)

馬山佛敎振興會

會金橫領綻露?

【馬山】 마산불교진흥회(馬山佛敎振興會)는그력사가 상당히 오래될뿐더러 현재회원이 삼백여명에 달하며 동회의자금도 수천원이된다는데 최근에와서는회장과 서긔등(會長及書記)이 회원이 입회당시에내는 가입금(매인압이원식) 수십원을 횡령한사실이발각되여 요지음 동진흥회에서는 신정포교당(新井布敎堂)내에서 역원회를 개최하고 전긔횡령사건에대하야 철저히조사한결과 지난십사일 그자세한수자를 마산서(馬山署)에 보고하엿슴으로 동서에서도 곳관계자들을 소환취조할것이라고하며동사건의 내용을잘아는 마산포교당(馬山布敎堂) 김법사(金法師)는 말하되 나는 직접관게자가 아님으로 철저히는 알지못하나 요지음 드르니 회장과서긔되는이가 입회금을바더 장부에긔록도 하지안코 사용(私用)하엿다고 문제가 잇도니 그후 그이드러 쓴돈은 다내기로 되엿다하니 돈도만치안흠으로 큰문제는 업겟습니다마는 첫재입회한회원을 장부에쓰지안햇스니 회원된분들의집에 초상이낫슬때는 일반회원들께 통지도 할수업서스며 상가에부위도 못하고보니 보기에 퍽도딱하고미안한생각이 절로답니다운운

1937년 1월 17일
조선일보朝鮮日報(3면)

원문

馬山佛敎振興會 會金橫領綻露?

【馬山】 마산불교진흥회(馬山佛敎振興會)는 그력사가 상당히 오래될뿐더러 현재회원이 삼백여명에 달하며 동회의자금도 수천원이된다는데 최근에와서는회장과 서긔등(會長及書記)이 회원이 입회당시에내는 가입금(매인압이원식) 수십원을 횡령한사실이발각되여 요지음 동진흥회에서는 신정포교당(新井布敎堂)내에서 역원회를 개최하고 전긔횡령사건에대하야 철저히 조사한결과 지난십사일 그자세한수자를 마산서(馬山署)에 보고하여슴으로 동서에서도 곳관계자들을 소환취조할것이라고하며동사건의 내용을잘아는 마산포교당(馬山布敎堂) 김법사(金法師)는 말하되 나는 직접관계자가 아님으로 철저히는 알지못하나 요지음 드르니 회장과서긔되는 이가 입회금을바더 장부에긔록도 하지안코 사용(私用)하엿다고 문제가 잇드니 그후 그이드리 쓴돈은 다내기로 되엿다하니 돈도만치안흠으로 큰문제는 업겟습니다마는 첫재입회한 회원을 장부에쓰지안햇스니 회원된분들의집에 초상이낫슬때는 일반회원들께 통지도 할수업서스며 상가에부위도 못하고보니 보기에 퍽도딱하고 미안한생각이절로납니다운운

해석

마산불교진흥회, 회금 횡령 탄로?

【마산】 마산불교진흥회(馬山佛敎振興會)는 그 역사가 상당히 오래될 뿐만 아니라 현재 회원이 3백여명에 달하며 자금도 몇 천원이 된다고 한다. 최근에 회장과 서기 등이 회원 입회 시에 내는 가입금(1인당 2원씩) 수십 원을 횡령한 사실이 발각되었다. 요즈음 진흥회에서는 신정포교당(新井布敎堂)에서 역원회를 열고 앞에 말한 횡령사건에 대하여 철저히 조사한 결과 지난 14일 그 자세한 수사를 마산경찰서(馬山警察署)에 보고하니 경찰서에서도 곧 관계자들을 소환해서 조사할 것이라 한다. 위의 사건의 내용을 잘 아는 마산포교당(馬山布敎堂) 김법사(金法師)는 나는 직접 관계자가 아니라서 자세히 알지 못한다. 요즈음 들으니 회장과 서기 되는 이가 입회금을 받아 장부에도 기록하지 않고 사용하였다고 문제가 있으나 그 후 그들이 쓴 돈은 다 내기로 하였다. 돈도 많지 않아 큰 문제는 없겠지만 처음 입회한 회원들을 장부에 기록하지 않아서 회원 분들의 집에 초상이 났을 때는는 일반 회원들에게 통지도 할 수 없어서 상가에 부위도 못해서 보기에 딱하기도 하고 미안한 생각도 절로 납니다.

1937년 8월 3일
동아일보東亞日報(4면)

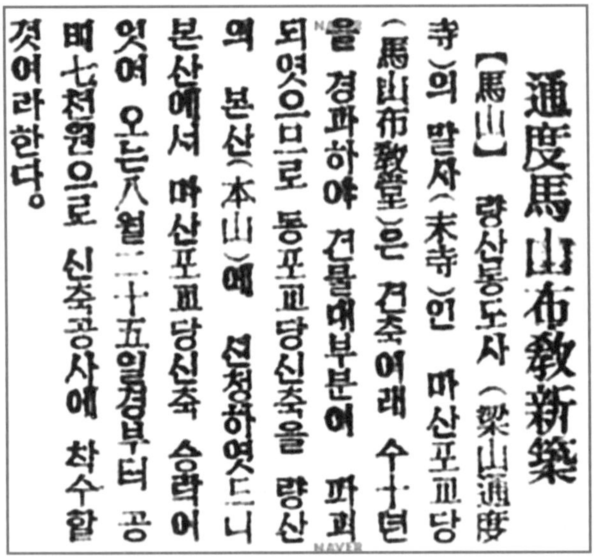

通度馬山布教新築

【馬山】 량산통도사（梁山通度寺）의 말사（末寺）인 마산포교당（馬山布教堂）은 건축이래 수十년을 경과하야 건물대부분이 파괴되엿으므로 동포교당신축을 량산의 본산（本山）에 신청하엿드니 본산에서 마산포교당신축 승락이 잇여 오는八월二十五일경부터 공비七천원으로 신축공사에 착수할 것이라한다。

원문

通度馬山布教新築

【馬山】 량산통도사(梁山通度寺)의 말사(末寺)인 마산포교당(馬山布教堂)은 건축이래 수十년을 경과하야 건물대부분이 파괴되엿으므로 동포교당신축을 량산의 본산(本山)에 신청하엿드니 본산에서 마산포교당신축 승락이 잇어 오는八월二十五일경부터 공비七천원으로 신축공사에 착수할 것이라한다.

해석

통도 마산포교 신축

【마산】 양산 통도사의 말사(末寺)인 마산포교당(馬山布教堂)이 건축 이래 수십년을 지나는 동안 건물 대부분이 파괴되었다. 포교당 신축을 양산 통도사에 신청하였더니, 본사에서 마산포교당 신축 승락이 있었다. 오는 8월 25일경부터 공사비 7천원으로 신축 공사에 착수할 것이라고 한다.

1937년 8월 27일
동아일보東亞日報(4면)

短信

馬山 昌原郡龜山面禮谷里 建築業者 金烔振(五七)은 通度寺 末寺馬山布敎堂에 일하러왓다가 지난 十七日밤에 海邊에 나갓는데 翌日 溺死됨을 發見하엿다、그死因은 未詳하다고。

원문

短信

馬山 昌原郡龜山面禮谷里 建築業者 金烔振(五七)은 通度寺 末寺馬山布敎堂에 일하러왓다가 지난 十七日밤에 海邊에 나갓는데 翌日 溺死됨을 發見하엿다 그 死因은 未詳하다고.

해석

단신

마산】 창원군 구산면 예곡리 건축업자 김형진(金烔振, 57)은 통도사 말사 마산포교당에 일하러 왔다가 지난 17일 밤에 해변에 나가서 다음날 익사체로 발견하였다. 그 사인은 알 수 없다고 한다.

1938년 7월 1일
동아일보東亞日報(3면) 조간

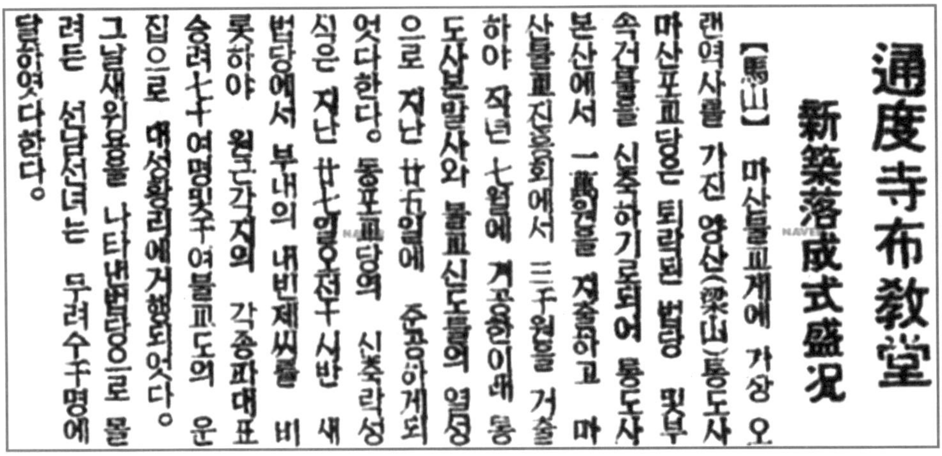

通度寺布教堂
新築落成式盛況

【馬山】 마산불교계에 가장 오랜역사를 가진 양산(梁山)통도사마산포교당은 퇴락된 법당 및부속건물을 신축하기로되어 통도사본산에서 一萬원을 지출하고 마산불교진흥회에서 三千원을 거출하야 작년 七월에 제공한이래 통도사본말사와 불교신도들의 열성으로 지난 卄五일에 준공하게되엇다한다。 동포교당의 신축락성식은 지난 卄七일오전十시반 새법당에서 부내의 내빈제씨를 비롯하야 원근각지의 각종파대표승려七十여명및千여불교도의 운집으로 대성황리에거행되엇다。 그날새위용을 나타낸법당으로 몰려든 선남선녀는 무려수千명에 달하엿다한다。

원문

通度寺布教堂 新築落成式盛況

【馬山】마산불교게에 가장 오랜 역사를 가진 양산(梁山) 통도사마산포교당은 퇴락된 법당 및 부속건물을 신축하기로되어 통도사본산에서 一萬원을 지출하고 마산불교진흥회에서 三千원을 거출하야 작년 七월에 제공한이래 통도사본말사와 불교신도들의 열성으로 지난 卄五일에 준공하게되엇다한다. 동포교당의 신축락성식은 지난 卄七일오전十시반 새법당에서 부내의 내빈제씨를 비롯하야 원근각지의 각종파대표승려七十여명및千여불교도의 운집으로 대성황리에거행되엇다. 그날새위용을 나타낸법당으로 몰려든 선남선녀는 무려수千명에달하엿다한다.

해석

통도사포교당 신축 낙성식 성황

【마산】마산불교계에 가장 오랜 역사를 가진 양산 통도사 마산포교당은 퇴락된 법당과 부속건물을 신축하기로 하였다. 통도사에서 1만원을 지출하고, 마산불교진흥회에서 3천원을 지출해서 작년 7월에 제공한 이래 통도사 본말사와 불교신도들의 열성으로 지난 25일에 준공하게 되었다. 동 포교당의 신축 낙성식은 지난 27일 오전 10시 30분에 새 법당에서 마산부 내의 내빈들과 원근 각지의 각 종파 대표 승려 70여명과 1천여명의 신도들이 운집한 가운데 성황리에 거행되었다. 그날 새로운 위용을 나타낸 법당으로 몰려든 선남선녀는 무려 몇 천명이었다.

Ⅳ

1940년대

1944년
신중도 조성

원문

佛紀二千九百七十一年甲申十二月 日
慶尙南道馬山府新町通度寺
馬山布敎堂造成仍爲奉安于本堂

緣化秩
證明比丘　古鏡法典
誦呪比丘　章雨
金魚比丘　潭達基
都監比丘　應潭末道
供司比丘　在浩
化主　金氏大海心
願共諸衆生同成無上道
施主秩
元町　李尙鳳
　金命姸
子　李根斗
　李根喆
　李根晟
　李根旿
孫　李英一
俵町　金大輪華
　金烟瑨
　金哲圭
幸町　李守寬　金大海心
仝　鄭基漢　尹宝鏡華
仝　金桂天　金普明華
仝　金善財行　朴弘植
仝　朴靑蓮華　金弘復
仝　朴桂守　朴宗太
仝　朴奉石　金法輪華
仝　李宗煥　金光明華

해석

불기2971년 갑신 12월 일 경상남도 마산부 신정 통도사 마산포교당에 조성하여 봉안하였다.

연화질
증명비구　고경법전
송주비구　장우
금어비구　춘담달기
도감비구　응담말도
공사비구　재호
화주　김씨대해심
원컨대 모든 중생들과 함께 무상도를 깨닫기를
시주질
원정 :　이상봉
　김명연
자(子)　이근두
　이근철
　이근성
　이근오
손(孫)　이영일
표정 :　김대륜화
　김연진
　김철규
幸町 :　이수관　김대해심
　정기한　윤보경화
　김계천　김보명화
　김선재행　박홍식
　박청련화　김홍복
　박계수　박종태
　박봉석　김법륜화
　이종환　김광명화

仝 金斗業 李桂先 正雄
壽町 許鶴伊 李順基 樹立
仝 朴良壽 尹正弘 鍾範
豊町 李尙東 李根豪 進壽
新町 金水龍 朴慶善 昌浩
仝 朴淨心行」
仝 李鳳鎭 崔翔澈
城湖洞 姜菩薩行
萬町 姜圓滿行 鄭性浩
仝 金平等心 基澤 基柱
上南洞 李在文 金法華化
金五德 李奉順 聖臣
石町 吳普賢華 趙再九
仝 金功德水 朴文鐘 學伊
午東洞 裵相振 周自性心
仝 李普明心 李奉宰
富町 李玉道 金下方
文吉 李健 文任
李鍾任 李吉任
仝 鄭聖伊 安彌陀華
學用 二龍 福順
仝 金淸凉月
仝 金城廣吉 金城初 子
金城明雄 金城明 子
仝 牧滿 初枝滿治
牧和子 幸子
元町 金大德行 玉知善
萬町 大願行 具然八
俵町 玉琪煥 金金蓮華
仝 孫安養華 李浩榮
元町 金九鉉 崔善法藏
贊基 好根 金氏
申喆錫 金氏
鎭東 李漢灝
加濟島 李在範 朴東植
仝 李成斗
通町 孫大覚華
萬町 朴海隱 李善德華
舞龍 玉順 玉今 文甲
朴淸子
蔚山 李千喜 孫必南
俵町 金法界華 尙道
大慈幼稚園〃兒一同
馬山佛教婦人報國會一同

김두업 이계선 정웅
수정 : 허학이 이순기 (허)수립
박양수 윤정홍 (박)종범
풍정 : 이상동 이근호 (이)진수
신정 : 김수룡 박경선 (김)창호,
박정심행
이봉진 최상철
성호동 : 강보살행
만정 : 강원만행 정성호
김평등심 기택 기주
상남동 : 이재문 김법화화 김오덕
이봉순 (김)성신
석정 : 오보현화 조재구
김공덕수 박문종 학이
오동동 : 배상진 주자성심
이보명심 이봉재
부정 : 이옥도 김하방
문길 이건 문임
이종임 이길임
정성이 안미타화
학용 이룡 복순
김청량월
김성광길 김성초 子
김성명웅 김성명 子
목만 초지만치
목화자 행자
원정 : 김대덕행 옥지선
만정 : 주대원행 구연팔
표정 : 옥기환 김금연화,
손안양화 이호영
원정 : 김구현 최선법장
찬기호근 김씨
신철석 김씨
진동 : 이한호
가제도 : 이재범 박동식
이성두
통정 : 손대각화
만정 : 박해은 이선덕화
무룡 옥순 옥금 문갑
박청자
울산 : 이천희 손필남
표정 : 김법계화 상도
대자유치원 원아 일동
마산불교부인보국회 일동

釋淳浩先生講演會

刻苦修道二十余星霜 人生의本原과 宇宙의眞理를體得하시고 各地를巡訪來馬하신 釋淳浩先生께서는 左記에依하야 十萬[illegible]民의[illegible]位를고시려하오니 [illegible]來臨하사先生의 指向하는 [illegible]오妙한 眞理에接하기바랍니다

記

一、演題 人生과宇宙

一、講師 釋淳浩先生

一、日時 十月十七日下午六時半부터 城湖校講堂
十月二十日下午六時半부터 月影校講堂
(各三夜間)

一、場所 城湖學校講堂과 月影學校講堂

主催 馬山佛敎傳道會

後援 馬山佛敎振興會
馬山佛敎女靑會
新馬山佛敎徒會
馬山府敎有協會
南朝鮮民報社

1948년 10월 15일
남조선민보南朝鮮民報

원문

刻苦修면二十余星霜 人生의 本原과 宇宙의 眞理를 體得하시고 各地를 巡訪來○하신 釋순浩先生께서는 左記에 依하야 十萬国民의 諸位를 모시러하오니 期於來臨하사先生의 指向하옵심우옥妙한 眞理에 接하기바랍니다

記

一, 演題　人生과宇宙
一, 講師　釋순浩先生
一, 日時
　十月十七日下午六時半부터 城湖校講堂
　十月二十日下午六時半부터 月影校講堂
　(各三夜間)
一, 場所　城湖學校講堂과 月影學校講堂
　主催　馬山佛敎傳法會
　後援　馬山佛敎振興會
　　馬山佛敎女靑會
　　新馬山佛敎徒會
　　馬山府敎有協會
　　南朝鮮民報社

해석

각고 수행 20년. 인생의 근원과 우주의 진리를 체득하시고 각지를 순방순례하신 석순호[1] 스님께서는 아래의 기록에 의하여 10만 국민의 제위를 모시려 하오니 모두 오셔서 스님이 지향하시는 심오하고 묘한 진리를 접하시기 바랍니다.

기록

1, 연제 : 인생과 우주
2, 강사 : 석순호 선생
3, 일시 :
　10월 17일 하오 6시 30분부터 성호교 강당
　10월 20일 하오 6시 30분부터 월영교 강당
　(각 3일 야간)
4, 장소 : 성호학교 강당과 월영학교 강당
　주최 : 마산불교전법회
　후원 : 마산불교진흥회
　　마산불교여청회
　　신마산불교도회
　　마산부교육협회
　　남조선민보사

1 석순호(1902–1971) 속명은 이찬호, 법명은 순호이고, 당호는 청담이다. 일본 송은사 유학, 1902년 경주 진주 출생, 1927년 고성 옥천사에서 남규영 스님을 은사로 득도, 1955년 조계종 초대 총무원장, 1966년 조계종 통합종간 2대 종정을 지냈다. 1971년 서울 도성사에서 입적하였다.

1948년 10월 16일
남조선민보南朝鮮民報

원문

釋淳浩先生講演會(광고)

해석

석순호 선생 강연회(광고)

1948년 10월 17일
남조선민보南朝鮮民報

원문

釋淳浩先生講演會(광고)

해석

석순호 선생 강연회(광고)

1948년 10월 20일
남조선민보南朝鮮民報

원문

釋淳浩先生講演會(광고)

해석

석순호 선생 강연회(광고)

1948년 10월 21일
남조선민보南朝鮮民報

원문

釋淳浩先生講演會(광고)

해석

석순호 선생 강연회(광고)

도판목록

참고문헌

명문과 화기

대보부모은중탑비문(1918년 건립)

신중도 화기(1944년 조성)

단행본과 논문 등

마산개항백년사편찬위원회, 『마산개항백년사』, 마산시, 1999.

마산불교청년회, 『마불청 50년사』, 馬山佛敎青年會, 2007.

마산시사편찬위원회, 『마산시사(2) – 전통과 인문』, 마산시사편찬위원회, 2011.

마산시사편찬위원회, 『馬山市史』, 마산시사편찬위원회, 1997.

선우도량, 『(新聞으로 본)韓國佛敎 近現代史』 上, 선우도량출판부, 1999.

선우도량, 『(新聞으로 본)韓國佛敎 近現代史』 下, 선우도량출판부, 1999.

송성안, 『일제강점기 중외일보 속의 마산』, 마산문화원, 2007.

이광석 편저, 『是日也放聲大哭–韋庵 張志淵 言路紀行』, 경남언론문화연구소, 1994

이학렬, 『우리고장 馬山 : 개항90년의』, 마산향토사연구회, 1989.

장지연, 「馬山新造佛石塔」, 『朝鮮佛敎叢報』 14호, 삼십본산연합사무소, 1919, pp.17–20.

최상봉, 『韓國寺刹大觀 : 慶南編』, 대한불교문화사, 1963

한상길, 「통도사와 표충사의 3·1운동」, 『한국불교학』 88집, 2018.11.

허정도, 『전통도시의 식민지적 근대화–일제강점기의 마산』, 신서원, 2005

잡지

『佛敎』, 『朝鮮佛敎叢報』

신문

남조선민보, 동아일보, 매일신보, 시대일보, 조선일보, 조선중앙일보, 조선총독부 관보, 중외일보

누리집

국립중앙박물관(www.museum.go.kr)

대한민국 신문 아카이브(https://www.nl.go.kr/newspaper)

한국언론진행재단 빅카인드(https://www.kinds.or.kr/v2/news/oldNews.do)

인명색인